Steffen Schneider

Mit Mut, Mörtel und ohne Millionen

Band 2

Abenteuer Baustelle – Von Gutshausrettern und guten Handwerkern

DAS BUCH ZUR SENDUNG

HINSTORFF

NDR FERNSEHEN

8 **Sommerferien bei Oma**
Spurensuche, Trümmerhaufen und starke Typen

14 **Kostbarkeiten und Katastrophen**
Roland van der Starres Gegenwart
in Vergangenheit und Zukunft

26 **Auferstehung nach 80 Jahren**
Philipp Kaszay reißt in Kobrow Mauern ein

42 **Die Werkstatt des Philosophen**
Veit Hedel und ein Hoch auf das Handwerk

50 **Giftmord, Gutshaus, Golden Globe**
Christina Ahlefeldt-Laurvig, Knut Splett-Henning
und ein Hauch Hollywood in Behren-Lübchin

64 **Eine Stiege und zwei Granaten**
Frank Wendt, Gutshaushelfer,
und ein zurückgewonnenes Leben

70 **Prominente der Vergangenheit I**
Sommerfeld oder Ein Mordfall im Mittelalter

78 **Ein Einzelgänger mit Hang zum Holz**
Stephan Linde und seine Liebe
zu Gebäuden mit Geschichte

88 **Der Herr der Ringe**
Karl-Uwe Heussner, die Zeit und Überraschungen
für die Gutshausretter

98 **Prominente der Vergangenheit II**
Knut Splett-Henning trifft Philipp Otto Runge
im Gutshaus Dahlen

106 **Kopfsteinpflaster und Kinderlieder**
Nina Hollensteiner und das Trostpflaster
unter dem Modder von Scharpzow

118 **Häuser können Geschichten erzählen …**
… wenn sie gute Zuhörer haben wie Heiko Bischof
und Philipp Kaszay

Ostsee
ROSTOCK
WISMAR
SCHWERIN
20
19
Mecklenbur

Venzhof
Sommerfeld
Duvendiek
STRALSUND
20
GREIFSWALD
Behren-Lübchin
Nehringen
Dölitz
Rensow
Vorpommern
Scharpzow
Dahlen

Sommerferien bei Oma

Spurensuche, Trümmerhaufen und starke Typen

Diese Fahrt soll bitte nie aufhören, denke ich. Egal wohin.

Der Wagen der Westverwandtschaft schaukelt sanft über die schmalen Landstraßen des Bezirkes Schwerin, Kreis Parchim. Vorne sitzen Onkel und Tante aus Pinneberg. Mit Aufenthaltsgenehmigung für vier Tage. Kurzbesuch. Es ist Mitte August 1978. Die Sommersonne scheint schon ein bisschen milder, draußen zirpsen die Schwalben und der flauschig-leichte Geruch von Super-Benzin und Inter-Shop im weißen Renault 17 wirkt berauschend. Der schnurrend-leise Klang des Motors schläfert ein, von den weichen Polstern der hinteren Sitzbank ganz zu schweigen. Auf denen neben mir meine Oma schon lange eingedöst ist.

Meine Cousins fahren bei meinen eigenen Eltern mit. Wir haben getauscht. Die beiden Jungs suchten das Abenteuer Trabbi. Dort kann es aber auf jeden Fall nicht so schön sein wie hier hinten bei mir. Im Westwagen, der über die Alleen zwischen Barnin und Demen zu schweben scheint.

Es ist eine Spurensuche, so viel habe ich mitbekommen mit meinen elf Jahren, aufgewachsen in einem Plattenbau in Rostock Lütten Klein. Wir suchen hier auf dem Mecklenburger Land, im Ursprungstal der Warnow, das Haus, mit dem meine Mutter und ihr Bruder Kindheitserinnerungen verbinden. Ein Haus, das einem Onkel meiner Oma gehört hat. Ihrem Großonkel Wilhelm. Sie haben dort als Kinder viel Zeit verbracht, bei den Verwandten. In dem kleinen Gutshaus in Venzkow. Mittelrisalit, drei Fenster links, drei Fenster rechts. Es sei immer herrschaftlich zugegangen. „Der Russe" habe 1945 alles geplündert. Und ein Jahr später sei die Enteignung gekommen. Alle sind ein bisschen aufgeregt.

Die Erwachsenen haben ein abgegriffenes Fotoalbum dabei, die Hälfte der Bilder fehlt. Auf einigen der winzigen gelblich-braunen Abzüge ist meine Mutter als Kind zu erkennen, vor einem großen Haus, in einem großen Garten, neben ihr sitzt ein alter Mann mit einem weißen Bart. Ihr Urgroßonkel Wilhelm.

„Attention!" steht in schwarzer Schrift ganz oben auf dem Hinweisschild. Darunter in Französisch, Englisch, Russisch und Deutsch: „Durchfahrt für das Personal der ausländischen Militärverbindungsmissionen ist VERBOTEN!" Onkel und Tante diskutieren. Ihr Wagen steht am Straßenrand. Der Besuch aus Pinneberg will nicht weiterfahren. Mein Onkel ist in den Fünfzigern in den Westen abgehauen und hat immer noch Angst vor den DDR-Behörden. Aber wir sind keine Militärverbindungsmission, sondern nur auf der Suche nach Omas alter Wirkungsstätte. Endlich fahren wir weiter. Trotzdem stimmt hier irgendetwas nicht. Wieso stehen am Waldrand solche Schilder?

Kindheitserinnerung, die Generationen überdauern soll: meine Mutter und ihr Bruder (beide links) mit Spielkameraden in Venzkow

Malerisches Gutsdorf Venzkow. Das Haus des Großbauern Wilhelm Völzer versteckt sich hinter Bäumen, eingerahmt von Scheune, Kuh- und Schweinestall.

Der Cousin meiner Oma am Ort seiner Kindheit. Im Jahre 1980 liegt das Großbauernhaus der Familie Völzer als Schutthaufen überwuchert am Wegesrand.

Kurze Zeit später erreichen wir das Dorf Venzkow, laufen durch ein kleines Wäldchen, das vielleicht mal der Teil eines alten Parks gewesen sein könnte, stehen schließlich auf einem leeren Platz. Die Erwachsenen murmeln etwas miteinander, verblichene Ansichtskarten mit ausgefransten Rändern gehen von Hand zu Hand. Ratlose Gesichter. Das Gutshaus ist nicht mehr da. „Aber genau hier muss es gewesen sein", sagt Oma. In der Nähe hallen dumpfe Schüsse. Der ausgedehnte Forst nebenan ist ein Übungsplatz der NVA geworden. Deshalb die Warnschilder. Und das Gut Venzkow wurde geschliffen.

Alle sind enttäuscht. Das verschwundene Haus jedoch bleibt in meinem Gedächtnis haften.

Venzkow stellt nicht meinen ersten Kontakt mit dem Thema Gutshäuser dar. In den Sommerferien bei Oma Erna in Crivitz bin ich der Magie derartiger Häuser schon früher begegnet. Aus dem Kohlenkeller in der Bahnhofstraße 37 hatte ich ihr altes Damenfahrrad ausgegraben, die rissigen Reifen aufgepumpt und mich auf den Weg gemacht. Stehend, weil der Ledersattel auf den drei rostigen Spiralfedern viel zu hoch war für den Steppke. Mit dem klappernden Gefährt schlug ich mich immer wieder über Feldwege und Landstraßen bis nach Crivitz Ausbau durch. Zu Hans und Sophie. Sie waren Großcousin und -cousine meiner Oma und die Herrscher über mein sommerliches Spielparadies. Ein echter Bauernhof mit Scheunen, Ställen, Dreschkasten, mit Pferd und Wagen, mit Feldern ringsherum und fünf Hektar eigenem Wald. Auch wenn es kein echtes Gutshaus war, so erschien es mir als solches – mit seinem für Kinderaugen riesigen Dachboden und den großen Räumen im Erdgeschoss.

Hans und Sophie waren schon vor der Enteignung ihrer Eltern in Venzkow auf die sogenannte „Ziegelei" in Crivitz-Ausbau gezogen, um sich dort einen eigenen kleinen Hof aufzubauen. Sie konnten sich nicht der Zwangsmitgliedschaft in der LPG entziehen, aber wenigstens war es eine LPG „Typ 1". Da waren eigene Tiere und privates Wirtschaften erlaubt. In den Augen der beiden Alten konnte man noch den Krieg erkennen, der für mich unendlich lange her war. Das große dunkle Haus roch fremd und gut in meiner Neubau-Nase. Es duftete nach Räucherkammer. Nach Suppen, die in der großen Küche zubereitet wurden. Nach Zigarrenrauch und Leder. Nach Holz und Feuer, Möbelpolitur und dem Schinken, der in der Trockenkammer hing. Unterm Dach des Schweinestalles waren Tabakblätter aufgefädelt, in der Tenne blubberte der Kartoffeldämpfer fürs Futter. In der guten Stube, vor der Wand mit den Geweihen, stand der Waffenschrank. Großonkel Hans hatte auch das Jagdrecht behalten in seinem Wald. In dem wir Kinder uns im Sommer Baumhäuser bauten und die Könige der Welt sein durften – da oben in den Kiefern, mit Butterkeksen, die zwischen den Zähnen klebten, und einer pisswarmen Mandora-Brause im Proviantbeutel.

All das wurde immer wieder wach und strömte erneut auf mich ein. In Garvensdorf zum Beispiel, wo einige Freunde Anfang der Neunziger eine Kommune im Gutshaus gründeten. Künstler aus der Fachhochschule in Heiligendamm. Oder später in Vietgest, wo ein Rostocker Unternehmer das Schloss kaufen konnte, mit Geld, das ihm nicht gehörte, und als Erstes einen rauschenden Kostümball für seine Geschäftsfreunde ausrichten ließ. Es war die Zeit, als die tatsächlichen, die großen und auch kleinen Gutshäuser, die Herrenhäuser und Schlösschen wieder ins Licht der Öffentlichkeit rückten. Sie zogen Lebenskünstler an, Investoren, Abenteurer und Hasardeure. Sie entfalteten wieder ihre volle Magie. Die auch mich, den jungen Fernsehreporter, ein ums andere Mal elektrisierte. So zum Beispiel, als Hubertus Graf von Klot-Trautvetter auf sein altes Familienanwesen Schloss Hohendorf einlud, dass

„Gutes Haus" haben seine enthusiastischen Retter es Mitte der 90er-Jahre des vergangenen Jahrhunderts genannt. Eine bunte Kunststudententruppe aus Heiligendamm träumte von einem gemeinschaftlichen Leben im Gutshaus Garvensdorf.

er gleich nach der Wende der Gemeinde für eine Deutsche Mark abgekauft hatte und aufwändig sanieren ließ. Ich erinnere mich an eine faszinierende Begegnung in dem winzigen Dörfchen Eickelberg, dass sich in die liebliche Landschaft am Rande des Warnowdurchbruchstales schmiegt. Ein quirliger selbsternannter Denkmalpfleger wollte hier noch vor der Jahrtausendwende zusammen mit einer Handvoll Architekturstudenten und einem Verein Gutshaus und Kirche retten. Leider stellte sich wenig später heraus, dass sich die Gruppe etwas zu viel vorgenommen hatte.

Gutshäuser sind nicht nur schillernde Monumente der Baukultur und der häufig nicht ganz so schillernden Geschichte in der weiten Landschaft Ostelbiens, die bis tief nach Polen und ins Baltikum reicht. Sie haben oft auch etwas Bedrohliches. Es sind Häuser, die erst ihre Eigentümer verloren haben und dann das Land, mit dessen Erträgen sie erbaut und erhalten werden konnten. Viele tragen dunkle Geheimnisse in sich. Unrecht ist geschehen. Ausbeutung. Gute und oft weniger gute Politik wurde in ihnen gemacht. Heute wirken sie manchmal wie jene schwarzen Löcher im Weltall, die Astrophysiker so begeistern. Die alles in sich aufsaugen, was ihnen zu nahe kommt. Unmengen an Geld und Energie fließen in sie hinein, ohne dass man die je wiedersieht.

Die Gravitation der Gutshäuser wirkt besonders stark auf Individualisten, Charakterköpfe, Wagemutige und Risikofreudige. Viele sind seit Anfang der 1990er-Jahre an der Größe der Aufgaben gescheitert. Gutshausbaustellen können zu Verzweiflung und Verdruss führen, wenn man nicht stark genug ist, nicht ausreichend Geduld mitbringt oder Geld – oder alles zusammen, was für die Zähmung dieser riesigen, oft stark verfallenen oder verunstalteten Gebäude nötig ist. Und es braucht gute Handwerker, die Lust und Langmut haben für die Fummelei an den alten Mauern, Dachstühlen, Treppen, Dielen und Fenstern.

Starke Typen sind gefragt – die sich nicht unterkriegen lassen von den Fährnissen des Zusammenlebens mit einem alten Gutshaus. Von ihnen und ihren Helfern handelt dieses Buch.

Blick ins Gutshaus Dölitz

Kostbarkeiten und Katastrophen

Roland van der Starres Gegenwart in Vergangenheit und Zukunft

Die Winter sind am Schlimmsten. Der Wind pfeift über die mecklenburgischen Äcker, dass es ein Sausen und Grausen ist. Feiner Schnee treibt durch kleine Ritzen und Spalten. Er bleibt liegen in der kalten Diele und auf den Fensterbrettern in den ungeheizten Zimmern. Eisblumen wachsen innen auf den dünnen Glasscheiben der Fenster in den wenigen Räumen, die sich heizen lassen. Die Fayenceöfen bollern und knistern. Der Knecht schleppt immer neues Brennholz heran. In stabilen Weidenkörben wuchtet er die dicken Scheite von Feuerstelle zu Feuerstelle und legt nach. Aber die Wärme fliegt nur so durch die klappernden Fenster hinaus. Und durch die dünnen Wände. Die mühsam aufgeheizte Raumluft zieht durchs Haus und sucht sich ihren Weg zwischen den schmalen Spalten in den Zimmerdecken vom Obergeschoss. Die sind nur einfach gearbeitet, von oben mit breiten Eichendielen belegt. Durch die nicht ganz dichten Fugen fliegt die Luft in das riesige Dach. Und ist fort. Sie kann nichts dafür. Sie muss nach oben steigen. Das ist die Physik. Die warme Ofenluft ist viel dünner und leichter als der schwere frostige Atem des Februars, der mit erbarmungslosem Gleichmut in das Haus hineinfegt. Und die zermürbende Kälte lässt nicht locker.

Vielleicht liegt es auch daran, dass, wie Zeitgenossen berichten, kaum Sonnenflecken beobachtet werden in jener Epoche. Dadurch nimmt die Wärmeabstrahlung des fernen Zentralgestirns Richtung Erde ab. Das Misstrauen der Menschen gilt aber genauso den am Himmel streifenden Kometen. Oder Erdbeben, die im 17. und 18. Jahrhundert noch recht häufig an der deutschen Scholle rütteln – und an den Grundfesten des Glaubens. Ein Pfarrer aus Stendal in der Altmark protokolliert mindestens elf schwere Erschütterungen seit dem Jahr 1510 und folgert, sie seien „gewisslich Vorträb des Jüngsten Tages und letzten Erdbebens, darin – alle Toten aufwachen – aus ihren Gräbern herfür gehen – vor den Richterstuhl Jesu Christi".

Der Geistliche, Daniel Schaller sein Name, will zudem bemerkt haben – auch dies ein historisch-handfester Hinweis auf die dramatisch veränderte Klimalage – , dass „das Holz im Walde" nicht „mehr wächset wie in Vorzeiten", es sei „so vertrockenet und verdorret […]. Ja, Kalk, Lehm und Stein ist nicht mehr so fest als ehemals gewesen[...]. Eisen und Stahl nicht mehr so hart [...], darum muss ruina mundi vor der Tür sein." Ruina Mundi – der Untergang der Welt.

Im Frühjahr 1720 haben Christian-Wilhelm von Lehsten und seine Familie genug davon. Das Haus gehört umgebaut! Eine ganze Mannschaft von Handwerkern aus den umliegenden Dörfern haben sie engagiert, um die dicken sichtbaren Balken der Geschossdecke zu bearbeiten. Mit kleinen scharfen Beilen schlagen die Männer eine lange, durchgehende Kerbe längsseits in jedes der vierkantigen mächtigen Eichenhölzer. Auf jede Seite eine. Eine andere Truppe wickelt im Hof des Gutshauses lange Strohbündel auf krumme Asthölzer, um sie dann in einer dicken Lehmpampe zu wälzen. Die getrockneten Lehmspindeln klemmen die Bauleute zwischen die Balken unter die Dielendecke. Dicht an dicht. Das Ganze verkleiden sie mit einer Schicht von Kiefernholzbrettern. Dann nageln sie dünne Matten aus geflochtenem Schilf darauf. Kopfüber! Eine kräftezehrende Tortur. Schließlich verputzen sie die neuen Zimmerdecken mit einer Mischung aus Lehm und gehäckseltem Stroh. Eine Wärmedämmung, die auch noch Jahrhunderte später als effektiv gelten wird.

Auch außen, rundherum um das Herrenhaus von Dölitz, geht es weiter mit der „energetischen Sanierungsmaßnahme" anno 1720. Die Außenwände sind zu dünn. Und völlig unmodern geworden. Der wohlhabenden Familie ist nicht nur kalt, sondern es ist ihr auch etwas unangenehm, immer noch in einem Fachwerkhaus zu wohnen. Die sichtbare Struktur aus dunklen Eichenbalken gilt inzwischen als Arme-Leute-Konstruktion. Der eigens engagierte Baumeister empfiehlt eine Schaufassade. 300 Jahre später wird es Ähnliches geben: die moderne Klinkerverkleidung eines kreditfinanzierten Eigenheimes auf der Bausparwiese, zum Beispiel vor den Toren der nahen Kreisstädte Gnoien oder Teterow.

Den historischen Stich eines Mitglieds der Familie von Lehsten - Ludolf Friedrich - hat Ronald van der Starre von einer Gutshaus-Besucherin geschenkt bekommen. Die von Lehsten bewirtschafteten das Gut Dölitz lange.

Auf einem schmalen Fundament aus Kalkmörtel beginnen die Arbeiter, große Ziegel und Biberschwänze zu kleben. Immer mit der breiten Seite flach an die Wand. So können sie mehr Fassade bedecken, mit weniger Steinen. Sie schlagen vom Dorfschmied angefertigte massive Eisenhaken ein, mit deren Hilfe sich die neue Ziegelschicht an der alten Wand festklammert. Verputzen, verkleiden, verbessern – das 18. Jahrhundert ist eine Zeit der großen Veränderungen. Auf der Erde leben gerade einmal 900 Millionen Menschen, das sind jedoch doppelt so viele wie noch 100 Jahre zuvor. Die Bevölkerung wächst wie verrückt. Der Welthandel auch. Die segelnde Handelsschifffahrt feiert einen neuen Rekord nach dem anderen.

Die Briten sind eine Weltmacht und haben mit ihrer Ostindienkompanie die größte Organisation in Asien geschaffen. Die Eichenwälder Großbritanniens, Frankreichs, Spaniens und Portugals

Die Qual der Wahl. Ziegelrot oder sandfarben. Ronald van der Starre und sein Partner Roland Tschersche diskutieren die Fassadengestaltung.

wurden bereits zu riesigen Handels- und Militärflotten verarbeitet. Auch dadurch bestimmt Europa die Geschehnisse im Rest der Welt. Händler und Eroberer verschiffen massenweise Reichtümer aus allen Winkeln der Erde auf den alten Kontinent. Und die Familie von Lehsten genießt ebenfalls einen Teil von diesem neuen Reichtum. Denn auch der Handel mit Getreide, Fleisch und Leder floriert. Die Landwirtschaft blüht. Das Geld ist da, um das Gutshaus von Dölitz grundlegend zu modernisieren.

Die Überraschung

„Herr van der Starre", schallt es 300 Jahre später durchs Haus. „Kommen Sie bitte mal." Die Zimmerleute der Firma Gerullat sind es, die da rufen. Sie wollten nur zwei marode Balkenköpfe abschneiden und neu „anblatten" im Obergeschoss. „Das müssen sie sich bitte mal ansehen." Der neue Hausherr Ronald van der Starre stapft über eine absurd schmale Treppe nach oben. Ganz nach hinten, dann nach links. Mit der Kettensäge hatten sie schon drei, vier breite Eichendielen aufgeschnitten, um an die Balken heranzukommen, die mit ihren Enden im feuchten Mauerwerk modern. Jetzt liegen die uralten Dielenstücken des Fußbodens im Raum. Verkehrtherum. Sie zeigen ihre dreihundert Jahre lang verborgene Unterseite. Und die ist noch viel, viel älter.

Ronald van der Starre ist ein ausgeglichener Typ. Keine Stimmungsschwankungen. Völlig entspannt. Ein in sich ruhender Geist und studierter

Architekt, der in Holland, Belgien und Deutschland großgeworden ist, Häuser saniert hat für andere und sich selbst. Ronald kennt sich aus in der Partitur der Kulturepochen. Sein Blick fällt auf die abgesägten Bretter, die Zimmerer schauen ihn an: „Das wollten wir ihnen mal zeigen, bevor wir weitermachen. Man weiß ja nie."

Ronald ist kein Brillenträger. Und so spiegelt sich in den Augen auch ohne Hilfsmittel und trotz des etwas fahlen Lichts im Obergeschoss ein Muster: florale geschwungene Formen, bläulich-grau, mit dunklen und hellen Schattierungen. „Sieht aus wie Grisaille-Malerei", denkt Ronald. Die Muster auf den Brettern könnten aus dem Mittelalter stammen. Man ahnt Renaissance und Barock, als es Mode war, Innenwände von Klöstern und Kirchen mit „Grisaille"-Malerei zu verzieren. „Das kann durchaus 300 Jahre alt sein", sagt Ronald. „Oder noch älter. Vielleicht sollten wir mal nachschauen, wie die Dielen insgesamt so aussehen von der anderen Seite." Also Baustopp bei der Balkenkopfsanierung – fürs Erste. Die Zimmerer heben nun vorsichtig jedes Dielenbrett des gesamten Bodens an, zentnerschweres Eichenholz.

Am Ende des Tages sind 15 Eichenbohlen – jede gut 40 Zentimeter breit, fünf Zentimeter dick und viereinhalb Meter lang – begutachtet. Jede in voller Länge mit kunstvoller Bemalung verziert. „Grisaille, kommt von gris, grau", sagt Ronald. „Das Malen mit Grautönen. Damals konnten sich sowas nur Wohlhabende und Kunstinteressierte wie Christian-Wilhelm von Lehsten leisten. Genauso wie die breiten Dielen aus Eiche." Vor ihm und den Zimmerern liegt ein Schatz. Eine kleine Sensation. Auf jeden Fall ein geheimnisvoller Gruß aus der Vergangenheit – jahrhundertelang verborgen unter einer nachträglich eingebauten Zimmerdecke.

Alt wie ein Baum

Ein sauber abgesägtes Scheibchen Holz genügt dem Dendrochronologen. Hauptsache, die Jahresringe sind gut zu erkennen und es ist noch ein kleines Stückchen Schwartholz vorhanden. Dann kann der Holz-Zeitgutachter ermitteln, wie alt der Baum ist, der verarbeitet wurde, und vor allem,

Die wertvolle Grisaille-Malerei auf den Eichenbohlen wurde vor mehreren hundert Jahren bei Umbauarbeiten zugedeckt. Erst durch die Gutshausrettung kam sie wieder ans Tageslicht.

Andere Fundstücke, die in Zwischenböden, hinter Wandverkleidungen und im Baugrund auftauchten: Ofenkacheln mit Delfter Glasurmalerei, Schachfigur, Tintenfass und Sensenwetzklotz.

wann man ihn einst geschlagen hat. Das Fälldatum entsprach damals immer ziemlich genau der Bauzeit, weiß der Experte. Ein anderer Gutachter kümmert sich um die Analyse der grauen Farbpigmente auf den Dielen. Beide Bauforscher kommen im Fall der Grisaille-Entdeckung von Dölitz zum gleichen Schluss: Die Arbeit ist 350 Jahre alt. Die Eichen wurden 1663 gefällt und vielleicht ein, zwei Jahre danach bemalt. Bauholz und Malerei gehören zusammen. 1660 ist auch das angenommene Alter des Gutshauses. Barock mit Nachklängen aus der Renaissance!

Ronald van der Starre informiert das Amt für Denkmalpflege. Die begutachten und empfehlen: entweder saubermachen und die Zimmerdecke offen lassen oder alles wieder zumachen, so dass die Dielen verborgen und geschützt bleiben. Das Haus verlassen darf der kleine kulturgeschichtliche Schatz aber auf keinen Fall.

Anobien, Nassfäule, Würfelbruch

Die Katastrophe nach diesem spektakulären Kunstfund in einem Gutshaus, das über zehn Jahre leer stand, durch Knut Splett-Henning und Christina von Ahlefeldt im Jahre 2013 entdeckt und jetzt durch Ronald van der Starre und seinen Lebensgefährten Roland Tschersche wiedererweckt wird, folgt kurze Zeit später. Es ist das „schiefe Zimmer" im Obergeschoss, das den beiden neuen Eigentümern schon längere Zeit große Sorgen macht. Der Fußboden hängt durch, die Außenwand des Erdgeschosses hat einen Bauch, die Fensterlöcher sind nicht mehr rechteckig sondern fast schon zu Rhomben verformt. Das Haus ächzt und stöhnt, bei jeder Bewegung im Raum. Die beiden Rolands sind behutsam, hier in der Mitte des großen barocken Gebäudes, sie stellen keine schweren Möbel in den Raum. Hier wird höchsten Heimkino geschaut mit den drei Pflegekindern. Für die Restaurierung des „schiefen Zimmers" hatten sie bisher einfach noch keine Zeit.

Zu viel anderes war zu tun.

Als die zwei Männer Dölitz aus den Händen von Knut und Christina übernommen hatten, klaffte in der Decke des Saales noch ein großes Loch. Das vorher durchlässige Dach darüber war jedoch schon verschlossen worden. Und die Birken und das Gras, die darunter wuchsen, hatten längst auf dem Komposthaufen der Geschichte ihren Platz gefunden. Aber das Loch in der Saaldecke bot immer noch einen freien Blick hinauf bis in den Dachstuhl. Und das wäre nicht so richtig passend gewesen zu der ersten Veranstaltung, die Ronald van der Starre und Roland Tschersche hier gleich nach ihrem Einzug organisiert hatten. Die über 90 Gäste einer „Petersilienhochzeit" hätten sicher nicht schlecht gestaunt über das freizügige Innere des Herrenhauses. Mancher wäre vermutlich gar verschreckt gegangen. „Also musste das Loch in der Decke schnellstmöglich geschlossen werden." Robuste Zimmermänner aus Laage, bald Dauergäste in Dölitz, legten Hand an und zogen neue Balken und Dielen ein. Das Fest konnte rechtzeitig beginnen.

An einem feuchten Herbsttag im späten Oktober 2020 rollt mal wieder ein Transporter der Firma Gerullat auf den Hof von Dölitz. Die Handwerker klemmen schwere Drehsteifen im Erdgeschoss unter die Fußbodenbalken des schiefen Zimmers. Ronald van der Starre ist kein Freund von Provisorien und vom Warten. Das Fachwerk der schiefen Außenwand soll von Expertenhand repariert werden. Behutsam, nur das, was wirklich verfault ist, muss weichen. Im Garten liegen einige stattliche neue Eichenbalken im Vierkantformat für die Ausbesserungen bereit. Die Handwerker machen sich an ihr Werk.

Als der Putz abgeschlagen und das Mauerwerk aus den ersten Ausfachungen gehebelt ist, zeigt sich das alte Fachwerk ohne Hülle. Der Scha-

Baufehler aus mehreren Epochen rächen sich am Eichenfachwerk. Staunässe und mangelnde Belüftung lieferten den Nährboden für Pilze, Fäulnis und Schädlinge. Die einst stahlharten Balken sind weich wie ein Schwamm geworden.

den am Holz ist gut zu erkennen. Würfelbruch, Anobien, Nassfäule. Ronald bleibt erst einmal optimistisch: „Alles, was wir jetzt an verfaulten Stellen finden, können wir neu machen. Das ist doch gut. Wie beim Zahnarzt."

Der Zimmermann stochert wortkarg mit einer kleinen Brechstange, dem „Kuhfuß", am alten Holz herum. Er greift damit unter den Putz, stemmt noch mehr Lehmsteine heraus. Sticht in die Substanz des Holzes. Er arbeitet sich immer weiter an der Fassade entlang, immer höher.

„Hier ist nur noch Blumenerde statt Holz", ruft er. „Und hier hinten ist gar nichts übrig vom Fachwerk."

Der Herbsthimmel dräut dunkelgrau über dem kalten Gutshaus. Der Kuhfuß des Zimmermanns fördert weiter zerstörtes Holz zutage. Der Schaden wird immer sichtbarer. Ronald van der Starre, der Optimist, wird stiller.

„Ich ruf mal meinen Chef an", sagt der Zimmermann. „Das ist jetzt wirklich kritisch. Hier kann ich erstmal gar nichts machen." Unter der letzten vermoderten Eichenschwelle liegt nämlich nicht, wie angenommen, ein Feldsteinfundament. Es ist nur Sand und alter Beton und sonst gar nichts. „Auf diesen Baugrund", sagt der Zimmermann, „muss erstmal ein anständiges Fundament. Da kann ich ja sonst nichts raufstellen." Die Außenwand gibt es jetzt nicht mehr. Der Raum dahinter wirkt gespenstisch. In der Ecke steht ein alter Schrank mit Geschirr. Notdürftig mit einer flatternden Folie abgedeckt. Hier wollten sie eine Woche später schon frühstücken. Die Zimmerdecke hängt in der Luft, gehalten von einigen Drehsteifen aus Stahl.

Im Garten stapeln sich die gammeligen alten Eichenhölzer.

Das Handwerkerauto des Zimmerers rumpelt über das Kopfsteinpflaster der Dorfstraße davon.

Oben: Vorne Fäulnis, hinten Fortschritt. Die Sanierung der Fachwerkfassade von Dölitz gleicht einer Operation am offenen Herzen. Die Geschossdecke ist innen mit Stahlstreben abgestützt.
Unten: Balken für Balken muss raus. In einer Zwei-Wochen-Aktion wird die Wand wieder geschlossen.

Optimimus fast grenzenlos. „Ist doch gut, dass wir das entdeckt haben", sagt Ronald van der Starre pragmatisch. „Dann können wir es jetzt wieder gut machen, und zwar so, dass es für die nächsten 300 Jahre hält."

Ronald van der Starre stapft durch seinen Garten und schaut nachdenklich durch die offene Wand in das Zimmer dahinter. „Grundsätzlich steht das Herrenhaus seit mehr als 350 Jahren", sagt er. „Wenn im Fachwerk wirklich das Holz aus der Ursprungszeit stecken sollte, sieht es ja noch super aus. Aber eben nur an den Stellen, wo es trocken geblieben ist. Die Schäden sind entstanden, weil man in den letzten 200 Jahren viel falsch gemacht hat" – mit der vorgebauten Fassade, einer Art Tapete, und dem Betonsockel, auf dem sie stand. Regenwasser konnte Jahr für Jahr dahinter versickern. Das Fachwerk durchnässte immer mehr und hatte hinter Steinwand und Zementmörtel keine Chance zu trocknen. Staunässe an den Balkenfüßen war am Ende das Todesurteil für die Balken, die im trockenen, gesunden Zustand jahrhundertelang stabil wie Eisen sind.

„Ihr müsst Euch jetzt beeilen mit dem neuen Fundament", hatte ihm Firmenchef Gerullat noch am Telefon gesagt. „Lange kann ich für die Standfestigkeit der offenen Außenwand nicht garantieren. Wir sollten die neuen Balken so schnell wie möglich einziehen." Ronald van der Starre sitzt mittlerweile schon im Auto und rollt zu einer Sammelstelle für Ackersteine. Die Bauern in Mecklenburg und Vorpommern sagen: „Auf dem Acker wachsen die Steine nach." Ein Ärgernis für den Landwirt seit jeher. Pflugscharen schlagen klirrend Funken und verbiegen, wenn sie auf die eiszeitlichen Mini-Findlinge treffen, Schneidwerke von Mähdreschern nehmen Schaden. Das Beseitigen der Steine ist nach wie vor eine Dauerbeschäftigung auf den Feldern. Und auf einem Sammelplatz im Nachbardorf liegen die größeren Klamotten: Feldsteine. Fundamente wurden aus ihnen gefügt, Friedhofsmauern und ganze Kirchtürme. Ein fabelhafter Baustoff seiner Zeit.

Das ursprüngliche Feldsteinfundament unter der maroden Ostwand des Herrenhauses Dölitz ist irgendwann mal abgetragen oder über-

Von der Baustelle an der Rückwand ist im Inneren des Gutshauses Dölitz kaum etwas zu spüren. Barocke Raumaufteilung, großzügige Sichtachsen und ein Design, das den Zustand und das Alter des Hauses nicht verbergen will. „Wir wollen dem Haus ja keine Botox-Spritze verpassen", sagt der Architekt Ronald van der Starre.

baut worden, vielleicht ist es auch versunken. Man weiß es nicht. Unter den letzten Bruchstücken des Schwellenbalkens hat der Zimmermann nur noch in trockenem Sand stochern können, etwas tiefer ist er auf einige lose Steine getroffen. Fundament: Fehlanzeige.

„Dass es so schlimm ist, hätte ich nicht gedacht", sinniert Ronald. „Aber mir ist es lieber, wir haben jetzt mal kurz richtigen Stress, als wenn das immer so weitergammelt und mir die Wand irgendwann zusammenbricht." Und er wäre kein echter Gutshausretter, wenn nicht innerhalb von zwei, drei Wochen Fundament und Außenwand wieder hergerichtet sein könnten.

Flotter Stift mit feinem Strich. Immer wieder bringt van der Starre seine Ideen aufs Pergamentpapier: viele verschiedene Versionen für die Zukunft der rückwärtigen Fachwerkfassade.

Nach hinten recherchieren und nach vorne denken

Als es Spätherbst wird auf dem zugigen mecklenburgischen Land, zieht in Dölitz immer noch eine klamme Kälte durch die offene Fassade ins Gutshaus. Aber das neue Eichenfachwerk steht! Die Eichenbalken verströmen ihr säuerlich-würziges Aroma, das von den intensiven Gerbstoffen im Holz gebildet wird, und es duftet nach frischem Mörtel und Ziegelstaub.

Die Zimmermänner sind abgereist. Aber Ronald van der Starre beschäftigt seit Jahren zwei treue Bauhelfer, die nun mit geschickter Hand das frischgefügte Fachwerk ausmauern. Stein um Stein, Fach für Fach. Es bleibt nur der Platz für die Fenster frei. Höchste Eisenbahn ist es jetzt, die Operation am offenen Herzen abzuschließen.

Während unten fleißig die gesicherten, alten Mauersteine wieder in das neue/alte Fachwerk gemauert werden, hat sich der Hausherr nach oben in sein Arbeitszimmer zurückgezogen. Ronald, der Architekt, macht sich Gedanken, wie es weitergehen soll. Grundlegend und gestalterisch. Pergamentbogen für Pergamentbogen schiebt er über eine Basis-Zeichnung der Ostwand vom Herrenhaus Dölitz. Auf dem halbdurchsichtigen Papier sieht er die Fassadenstruktur und kann neue Fensterteilungen probieren, Türen einsetzen und wieder verwerfen. Sein schwarzer Fineliner raschelt übers Pergament, mit flinkem Strich entsteht eine neue Ansicht der Wand. Es geht um die Zukunft, Ronald ist sich der Tragweite seiner Striche auf dem Papier sehr bewusst: „Ich muss mir tatsächlich jetzt mehr Gedanken machen als nur da unten zu stehen und vielleicht mitzuhelfen beim Mörtelmischen. Gerade jetzt ist es wichtiger, am Schreibtisch zu sein und gleichzeitig nach hinten zu recherchieren wie nach vorne zu denken," sagt er nachdenklich. „Ich muss in diesen Tagen entscheiden, wie das Haus die nächsten 150 Jahre aussieht und nach außen wirkt."

Auferstehung nach 80 Jahren

Philipp Kaszay reißt in Kobrow Mauern ein

Haufen frischer Pferdeäpfel haben sich mit Ziegelbruch und Matsch vermengt. Kutscher mit roten Gesichtern brummen vor sich sich hin: „Taun Deibel noch eins mit dem Schietwetter." Dampfender Atem steigt nass geschwitzten Arbeitspferden aus den Nüstern. Vierspännige Ackerwagen schaukeln durch die Wasserlöcher eines modderigen Landweges. Sie kommen aus dem Kalksteinwerk des nahen Ackerbürgerstädtchens Laage und sind mit frischgebrannten Mauersteinen beladen. Ihr Ziel ist das Gut Kobrow. Nur vier Kilometer entfernt, aber in diesen Zeiten ein ordentliches Stück Weg. Es ist Anfang März 1933. Das Wetter gibt sich ungewöhnlich milde. Kaum Schnee und Eis, aber dafür regnet es seit Wochen. Der Boden aufgeweicht, die Wege unbefestigt. Und der Gutsherr von Kobrow ist bankrott.

Seit der verheerenden Wirtschaftskrise in den 20er-Jahren häufen sich solche Fälle auch im Herzogtum Mecklenburg-Schwerin. Warentermingeschäfte platzen, Getreidekontrakte werden nicht bezahlt, ganze Ernten verfaulen auf dem Acker. Wer dann noch schlecht gewirtschaftet und keine Rücklagen gebildet hat, geht pleite. So wie Bodo von Bülow. Der letzte Gutsherr von Kobrow.

Der Neuanfang

Nach der Zwangsversteigerung ist jetzt die Landgesellschaft Iserlohn neuer Eigentümer des landwirtschaftlichen Betriebes. Und die hat beschlossen, das einst recht große, zusammenhängende Gut Kobrow aufzusiedeln.

Über dieses Projekt berichtet sogar die „Deutsche Bauzeitung", das „Organ des Deutschen Ausschusses für wirtschaftliches Bauen" in ihrer Ausgabe Heft 21 vom 21. Mai 1933, ganz im Duktus der damaligen Zeit: „Das für die Siedlung notwendige Land ist vor allem durch eine verstärkte Heranziehung von Land aus Großgrundbesitz zu gewinnen. Das deutsche Volk erwartet, daß volks- und verantwortungsbewusste Großgrundbesitzer durch Landabgabe und persönliche Förderung sich in das ostdeutsche Siedlungswerk selbst eingliedern. ‚Bodenbesitz verpflichtet!' [...] Auch noch heute steht es diesem bedeutungsvollen Stande offen, sein Schicksal mit den Lebensbelangen des deutschen Volkes zu verknüpfen." Fassungslos äußert sich der Autor des Artikels allerdings über den Zustand, in welchem er das Gut Kobrow bei einer ersten Begehung vorgefunden hatte: „Wie ein Betrieb von mehr als 800 Hektar so verwahrlosen kann, scheint mir vollkommen unverzeihlich."

Aber nun sollen in Kobrow völlig neue Zeiten anbrechen. Auf dem Gut hantieren zwei Landvermesser konzentriert an einem Theodoliten. Ihre Assistenten schleppen Mappen, Pläne und Stative. Sie teilen Paarzellen ein, messen Bauplätze auf, für 46 sogenannte „Existenzstellen"– 30 zu 60 Morgen, zwölf zu 50 Morgen und vier Anliegersiedlerstellen zu je 40 Morgen. Aus Iserlohn soll eine Gruppe von 30 Siedlungswilligen nach Mecklenburg ziehen und hier künftig Landwirtschaft betreiben. „Dreizehn gutsansässige Familien werden ebenfalls angesetzt und zu selbständigen Bauern gemacht", weiß die „Deutsche Bauzeitung" weiter zu berichten.

Kinder toben zwischen Balken und Stapeln von lehmroten Ziegeln, die aus dem Abriss einer alten Scheune stammen. Kutscher pfeifen und kommandieren. Zimmerer fügen Ständerwerke aus frisch gesägtem Fichtenholz geschickt zusammen, Maurer ziehen Richtschnüre in die Waagerechte und genehmigen sich ab und an einen Schluck aus der Buddel. 28 Siedlerhäuser wachsen langsam in die Frühlingsluft. Und selbst etwas weiter entfernt, im Gutshaus von Kobrow, am westlichen Rande der neuen Siedlungsbaustelle, wird gehämmert und gemörtelt.

Die Herren der Landgesellschaft haben sich darauf geeinigt, auch das große Herrenhaus aufzuteilen. Nebst dazugehörigem Grundstück. Zu diesem Zwecke ziehen zwei Maurer eine Wand durchs ganze Gebäude. 24er-Kalksandstein, sauber verputzt. Vom Keller bis unters Dach, quer durch den großen Speisesaal, weiter durch einige Zimmer im Obergeschoss. Ein langer Flur wird abgeteilt und sogar der Boden. Ein ganzer Schornsteinzug muss neu gebaut werden, denn die Zimmer in der Mitte des Hauses waren bis zu diesem Zeitpunkt nicht zu heizen. Wegen des Platzmangels wird der neue Schornstein kurzerhand ins Foyer verlegt. Die Baumeister fackeln nicht lange. Sie wollen Lösungen. Es soll schnell gehen. Und billig. Die große Haushälfte beziehen der Bürgermeister, die Gemeindeverwaltung und der neue Dorflehrer samt Klassenzimmer. Zitat Bauzeitung: „Auch die alte Dorfschule ist gänzlich unzulänglich geworden und muss darum im ‚Schloss' untergebracht werden." Ein neuer Pächter übernimmt 120 Morgen Land und die durch die Teilung entstandene kleinere Haushälfte. Der insolvente von Bülow darf

Leuchtturmprojekt Kobrow Anfang der 1930er-Jahre: Der defizitäre Gutsbetrieb wird versteigert und in die neue Siedlungsplanung des Deutschen Reiches mit einbezogen.

Auf dem Gelände des ehemaligen Gutsbetriebes entstehen in Windeseile Wohnhäuser und Nebengelasse für Siedler-Familien. Hinten ist das einstige Herrenhaus zu erkennen.

Phillip Kaszay hat den Zustand des Gutshauses Kobrow nach dem Kauf und während der ersten Entkernungsarbeiten umfassend fotografisch dokumentiert. Trennwände, Tapeten, Toiletten mitten im Treppenhaus – alles musste raus.

gnädigerweise seinen Lebensabend in zwei Zimmern im Obergeschoss fristen.

Das einst stolze Herrenhaus ist zu einem reinen Zweckbau degradiert. Alle anderen Neu- und Umbauten im Dorf sind gemäß den Vorgaben der Landgesellschaft „mit dem geringsten Kostenaufwand“ herzustellen. Die Umwandlung des Gutes Kobrow in ein Siedlungsprojekt ist ein wirtschaftlicher und politischer Versuch jener Zeit, umgesetzt im Rekordtempo. Am 5. Dezember 1932 beginnen die ersten Ausschachtungsarbeiten für neue Gebäude. In der ersten Aprilwoche 1933 beziehen die Siedler ihre neugeschaffenen Wirtschaften. Die Turmuhr im Schloss von Kobrow bleibt jetzt stehen. Eine neue Zeit ist gerade angebrochen. Der Nationalsozialismus.

Knapp 80 Jahre später blättert ein junger Mann aus Ulm in den spärlichen Unterlagen, die ihm ein Güstrower Immobilienmakler zusammen mit dem einzigen Haustürschlüssel in die Hand gedrückt hat. Philipp Kaszay will das seit knapp zehn Jahren leerstehende und verwahrloste Gutshaus kaufen. Es ist September 2011 und Philipp fällt ein schluderiger Grundriss ins Auge. Kugelschreiber auf kariertem Papier. Die Maße können nicht stimmen, denkt der gelernte Bauzeichner. Aber auf dem Wisch sind zwei nebeneinander liegende Zimmer zu erkennen, durch eine Wand getrennt, die seine Neugier wecken. „Mir fielen die gegenüberliegenden Nischen auf. Und so abgeschrägte Ecken. In beiden Räumen an der gleichen Stelle. Das muss einmal eine Art Saal gewesen sein“, wird sich Philipp Kaszay später erinnern. „Eigentlich habe ich das Haus nur wegen dieses einen Raums gekauft!“

Die Entblätterung des Speisesaals

Bei einer ersten Begehung macht er sich sofort auf die Suche nach diesem Saal. Im Haus riecht es moderig und feucht, nach PVC-Fußbodenbelägen und giftigen Holzschutzmitteln aus den 70er-Jahren. Es ist stockfinster, der Strom schon lange abgestellt. Durch mit Brettern und Holzplatten vernagelte Fensterlöcher strecken ein Holunderbüsche Zweige und Wurzeln in die Innenräume im Erdgeschoss. Der ganze Bau wirkt verwahrlost und verwunschen.

Philipp lässt den schmalen Strahl seiner Taschenlampe durch die düsteren Zimmer schweben. Er weiß, wo er suchen muss. Als der Lichtpunkt über eine Zimmerdecke wandert erkennt er eine umlaufende Stuckeinfassung. Die endet jäh mitten im Raum an einer Wand. In dieser Wand gibt es eine Tür. Phillip drückt sie vorsichtig auf und tastet sich in den nächsten Raum hinein. Der Lichtstrahl in seiner Hand zuckt wie ein kleiner Suchscheinwerfer durch die feuchte Luft und zeigt ihm auch hier Stuck an der Decke. Er hat den alten Saal gefunden. Philipp steht vor einer Mauer und mitten im Herz des Gutshauses von Kobrow. Und das will er wieder schlagen lassen.

Die Mauer muss weg! Im Juli 2012 startet Philipp seine ersten Arbeitseinsätze im Haus. Er beginnt die Kalksandsteinwand abzutragen. Dabei muss er ganz oben anfangen, unterm Dach. Aus statischen Gründen. Die Mauer bildet im Haus eine durchgehende Wand. In Eimern, jeden in einer Hand, schleppt er keuchend Steine und Schutt die Bodentreppe hinunter, kippt die Ladung dann in einen alten Schacht im Obergeschoss. Den hat Phillip hinter einer Lehmsteinwand entdeckt. Der leere Schacht, von allen Seiten verschlossen und scheinbar ohne jede Bedeutung, gehört zu den Rätseln, die ihm das Gutshaus Kobrow aufgibt. Aber jetzt hat der Hohlraum mitten im Haus auf jeden Fall eine Funktion: Mit Getöse donnern Mörtelbrocken und ganze Ziegel hinunter. Es staubt, dass einem das Atmen schwer wird. Philipp klebt der Schweiß am Körper. Eimer für Eimer schmeißt er den Schutt in den Schacht. Unten kommen die Steine und Splitter krachend auf. Es gibt noch keinen Schuttcontainer vor dem Haus, das ist Philipp noch nicht wichtig. Er will erkennen, erstmal sehen, wie es eigentlich gemeint war, das „Schloss" von Kobrow.

Seine erster Helfer beim Aufräumen heißt Willy Thomsen. Ein wortkarger Junggeselle aus dem Nachbardorf Groß Ridsenow. Willy hat immer gesunde gerötete Wangen und schelmische blaue Augen. Und einen Traktor. Mit dem kommt Willy schon seit April 2012 immer mal wieder nach Kobrow. Samt Mähwerk und Kultivator. Rasselnd und jaulend rasiert die Maschine ihre Spur durch den völlig verwilderten Gutshausgarten. Überall Brombeerpeitschen, Knöterich, wilde Holunderbüsche. Es ist kaum ein Durchkommen. Und es wächst alles so furchtbar schnell wieder nach. Aber Willy hat Geduld. Und eine Freundschaft entsteht. Willy ist gelernter Installateur: „Gas, Wasser, Scheiße." So einen kann man immer gebrauchen.

Philipps Eltern, ebenfalls beide Bauzeichner von Beruf, kommen irgendwann im Spätsommer zu Besuch und können die Begeisterung ihres Sohnes für den klammen, zugigen und viel zu großen Bau immer noch nicht teilen. Philipps Mutter Carmen kümmert sich um Enkelin Paula und hilft beim Abschleifen einiger Fensterflügel, die vielleicht noch zu retten sind. Vater Paul stopft sich eine neue Ladung „Danish Amber" in seine Pfeife und brummt, was Philipp nicht hören will: „Ich würde das Haus so schnell es geht wieder verkaufen, mein Sohn!".

Der wandert in den Baupausen immer wieder neugierig durchs Haus. Im Blitzlicht seiner Kompaktkamera schält sich überscharf die unangenehme Realität heraus: An der Gartenseite des einstigen Saales wachsen Pflanzen im Fußboden.

Es ist feucht und Dielen und Balken im Saal sind zur Hälfte verfault. Eine zusammengesunkene Terrasse aus Ziegeln und Feldsteinen am Haus ist der Grund. Hier staut sich das Wasser seit

Mit gemischten Gefühlen, aber mit dabei: Philipps Eltern kümmern sich bei ihren ersten Besuchen in Kobrow um Enkelin Paula. Das Projekt ihres Sohnes ist ihnen nicht ganz geheuer.

Detailverliebt und hartnäckig geduldig. Philipp Kaszays erste große Investition sind die Fenster im Speisesaal und eine Terrassentür. Damit geht für ihn ein großer Wunsch in Erfüllung.

Jahrzehnten und sickert in den Bau. Eine Schludrigkeit von vor über 150 Jahren.

Irgendwann ist Philipp auch unten angekommen mit seinen Abrisswerkzeugen.

Zu DDR-Zeiten ist die Trennwand des Speisesaals schon durchbrochen worden, um zwei Büros der LPG „1. Mai“ miteinander zu verbinden. Das macht jetzt den Abbruch leichter. Am Türloch setzt der neue Hausbesitzer an. Vater Paul hilft diesmal mit. Unter dem malmenden Takt eines Vorschlaghammers und dem sägenden, tackernden Gesang eines elektrischen Bohrhammers sinkt die 24er-Kalksandsteinwand, aufgeschichtet im Frühjahr 1933, allmählich zusammen. Das ganze Haus liegt jetzt voll Schutt. Der alte Schacht ist verstopft bis ins Obergeschoss. Es ist nicht die erste Baustelle in Philipps Leben. „Aber mit diesen riesigen Mengen an Abbruchmaterial und Müll habe ich wirklich nicht gerechnet“, gibt er zu.

In den folgenden Wochen wird er viele, viele Kubikmeter Schutt aus dem Hause nach draußen schaffen. Steine, Lehm und Mörtelbrocken türmen sich im Garten zu einem Abraumhaufen, der einem Bergwerk alle Ehre machen würde. PVC-Fußbodenbeläge und DDR-Sauerkrautplatten wandern in teuer bezahlte Schuttcontainer einer Entsorgungsfirma aus Kavelstorf.

Drinnen ist der Saal jetzt wieder als Saal zu erkennen – wenn auch mit einem zur Hälfte verfaulten Dielenfußboden, aus dem kleine Birkensprösslinge wuchern. Die andere Hälfte ist zu allem Überdruss mit stinkenden Faserplatten benagelt. Und zwar gründlich. Es riecht durchdringend nach Hylotox, einem recht ungesunden DDR-Holzschutzmittel. Aber Philipp ist mit seinen Gedanken gerade ganz woanders.

Fenster sind die Augen des Hauses

Es war noch vor der Geburt seiner Tochter. Irgendwann 2006 oder 2007. Auf einer Bau - und Handwerkermesse in Leipzig schlendert der gelernte Bauzeichner und inzwischen als Innenausstatter und „Dekotante“ arbeitende Philipp Kaszay von

Stand zu Stand. Er sucht nichts Bestimmtes, er will sich inspirieren lassen und informiert bleiben. In der Messehalle um ihn herum werben ökologische Baustoffhändler mit umweltfreundlichen Dämmstoffen aus gepresstem Hanf, gehäckseltem Stroh oder Papierflocken. Alternative Ofensetzer machen Schauvorführungen, Bauen mit Lehm ist angesagt, Blähton, Leimholz, Korkpakett. Das Angebot ist wie immer überbordend und überfordernd. Solarthermie, Wärmepumpen, Flächenheizungen. Einbruchschutz. Rolltore. Zaunanlagen. Das intelligente Haus, Sensoren, Zeitschalter, Bus-Systeme – alles per Knopfdruck. Philipp brennen schon die Augen. Plötzlich steht er vor einem Stand der Firma PAX. Die machen Fenster. Hier bleibt Philipps Blick hängen. Er sieht Holzfenster. Schöne Stücke, wie aus dem 19. Jahrhundert. Mit schlanken Profilen, ordentlicher Teilung, historisierenden Beschlägen und Scharnieren. Aber auch die Verglasung begeistert ihn. In den filigranen Rahmen stecken Scheiben aus Walzglas, mit leichten Schlieren und Verwerfungen – so wie es früher war. Nur diese hier sind Thermoscheiben, streng nach deutscher Wärmeschutzverordnung. Philipp kritzelt eine Notiz in seinen Taschenkalender und denkt: „Wenn ich irgendwann mal ein altes Haus restauriere, dann baue ich diese Fenster ein!"

Einige Jahre später: Die Sonne steht hoch über dem mecklenburger Recknitztal in diesem August 2012 und schickt einen Strahl durch die Terrassentür des Speisesaales von Schloss Kobrow. Beim Blick auf das Lichtspiel fällt Philipp der Messebesuch von damals ein. „Hier kann ich sie einbauen", denkt er. „Hier muss ich sie einbauen!" Und erzählt es vorsichtshalber niemandem in seiner Familie. Sie würden ihn wieder einmal für verrückt oder – sagen wir es vorsichtig – für extrem unvernünftig halten. Ein Haus voller Schutt und Gammel, aber Edelfenster einsetzen. „Immer eins nach dem anderen", hört er seinen Vater sagen.

Philipp nimmt Kontakt zu der Firma von der damaligen Messe auf. Die empfehlen ihm einen Vertragshändler in Güstrow. Der Besuch des Handwerkers wenige Wochen später wird allerdings eine herbe Enttäuschung. Beim Aufmaß in Kobrow empfiehlt der Mann ihm eine Standardausführung in Plastik. „Die Bögen oben lassen wir am besten weg, das wird ja sonst viel zu teuer", rät ihm der Experte. Nach einigen weiteren Telefonaten bekommt Philipp einen neuen Tipp: „Es gibt da noch einen Denkmalpflegetischler in Vorpommern. Vielleicht ist der etwas für Sie." Der Hausherr von Kobrow notiert sich Telefonnummer und Namen: Veit Hedel, Venz-Hof auf Rügen. Vielleicht, denkt Philipp, kann der mir die Überreste der alten Fenster sogar restaurieren und Verlorengegangenes nachbauen. Immerhin lagern einige der alten Fensterflügel noch im Haus. Von einem sorgsamen Mitbürger wahrscheinlich vor mehr als zwei Jahrzehnten ausgehängt und abgestellt, bevor die Fensterlöcher einfach zugenagelt wurden.

An einem Januartag mit trübem Winterlicht bestellt Philipp Kaszay zwei Café Crème und zwei Salami-Brötchen in einer Bäckerei in Zudar auf Rügen. 120 Kilometer ist er gefahren. Zum Schluss hat er mit der Autofähre von Stahlbrode nach Glewitz übergesetzt. Draußen dämmert es schon wieder leicht, es ist klamm und matschig. Drinnen brummen die Kühlschränke, der Kaffeeautomat gluckert und gurgelt. In der Auslage des gläsernen Tresens vereinsamen einige Eierschecken. Hier hockt Philipp nun zusammen mit Veit Hedel, dem Denkmal-Tischler. Der hatte wohl keine Lust, nach Kobrow zu kommen, oder keine Zeit, oder zu viele lukrativere Aufträge, vermutet Phillip. Oder der Tischler hat vielleicht gedacht: „Schon wieder so ein Fantast, der sich mit dem Traum vom eigenen Gutshaus völlig übernommen hat und am Ende nicht das bezahlen will oder kann, was meine Arbeit wert ist." Hedel kennt sie sicher gut, die Träumer, deren Freizeitbeschäftigung es

Ein Handwerker, der sich auch als Künstler begreift, und ein Bauherr mit Lebenswerk im Gespräch. Veit Hedel und Philipp Kaszay diskutieren über die Wahl der passenden Beschläge für die nachgebauten Fenster des Turmzimmers von Herrenhaus Kobrow.

ist, über immer neue Pläne nachzudenken, ein altes Haus zu sanieren und dann darin zu wohnen.

Aber dann erzählt Veit Hedel, dass er ganz in der Nähe eine Baustelle hat. Türen und Fenster für ein historisches Gutshaus. Da könne sich der Besucher aus Kobrow doch gleich mal anschauen, wie er so arbeite.

Philipp nippt am dicken Porzellan der Lavazza-Tasse und erzählt von seinem Projekt, der Firma aus Sachsen und seinen großen Fenstern im Speisesaal. Er zeigt ihm einige Fotos von Kobrow – Außenaufnahmen mit Schneeflocken vor der Kameralinse –, die er noch kurz vor seiner Abfahrt geschossen hat. Veit Hedel redet von verlorengegangenen Qualitäten, davon, dass die Kunst im Handwerk bedauerlicherweise ins Kunsthandwerk abgedrängt werde und dass es meistens nur noch um Reparaturen gehe. Hedel ist eloquent, es macht Freude, ihm zuzuhören, denkt Philipp. Auch wenn er ganz schön viel redet.

Dann ist der Crema ausgetrunken und die Schrippen sind vertilgt. Die beiden Männer laufen zum Gutshaus Losenitz und Phillip staunt über die originalgetreu nachgebaute Haustür. Veit Hedel nennt ihm den Preis – so als Beispiel. Jetzt staunt Philipp noch mehr.

Das Haus kann endlich wieder sehen

Ein paar Wochen später bringt Philipp in seinem leicht zerbeulten weißen Fiat Transporter

Vorsicht ist die Mutter der Porzellankiste! Nach zwei Jahren kann Philipp Kaszay endlich seine neuen Turmfenster in der Tischlerei von Veit Hedel abholen. Hoffentlich geht beim Transport nichts kaputt.

„Aber da sind doch schon Fenster drin im Turm", sagt Töchterchen Paula. „Ja", sagt Vater Philipp, „aber nicht die richtigen. Die neuen haben wieder Spitzbögen und liegen jetzt auf dem Anhänger."

drei riesige Flügel und einige Profilreste von seinen Saalfenstern zu Veit Hedel in den Betrieb auf dem Venz-Hof, in der Nähe der Rügener Kreisstadt Bergen. In der ehemaligen Scheune angekommen, gehen Philipp die Augen über: Was für eine Werkstatt! Eigenes kleines Sägewerk. Dämpfkästen, riesige Sammlung an alten Beschlägen, Scharnieren und Mechaniken. Holzlager, Glaslager, Farblager. Und über allem schwebt der wissende Blick des Handwerksmeisters. Veit Hedel hat zu jedem Ding, das er in die Hand nimmt, eine interessante Geschichte zu erzählen. Profilhobel, Drehstangenverschluss, Eisensprosse. Er weiß alles über Epochen, Baustile, technische Novitäten jener Zeit. Als er Philipps Fensterflügel sieht, wird er stiller. „Gibt es die Rahmen noch?" Philipp antwortet ausweichend: „Alles ziemlich hinüber."

Der Meister empfiehlt ihm eine Neuanfertigung der Saalfenster und vor allem der Terrassentür. Alles andere wäre viel zu teuer. Philipp lässt die ausgebauten Flügel und Profilhölzer im Venz-Hof zurück. Am nächsten Morgen ruft er an und bestellt. Wie er das alles bezahlen wird, weiß er noch nicht. Aber der Saal soll spätestens in 18 Monaten fertig sein. Zur Einschulung seiner Tochter Paula. Da wollen auch die Eltern kommen und seine Schwester Julia.

Monate später sind sie da, die Neuanfertigungen, begleitet vom Tischler aus Rügen.

Gemeinsam brechen Philipp und Veit Spanplatten, Bretter und Latten aus den zugenagelten Fensterlöchern des Saales von Kobrow. Knarzend und splitternd geben die alten Zargen nach, die sie aus dem Mauerwerk hebeln. Hohläugig glotzt das Haus jetzt hinab in das weite Recknitztal. Es wirkt entstellt, so ganz ohne Fenster. Aber die beiden Männer sind fleißig. Philipp treibt die Sehnsucht an, den Saal wieder benutzen zu können, und Veit die Handwerkerehre.

Nach drei Tagen ist alles eingebaut. Eisengraue, fast zarte Profile aus Lärchenholz, schmal geschnittene Rahmen, dezente Mechanik. Und das Ganze ausgefüllt mit Histo-Glas. Leicht wellig und unregelmäßig in seiner Stärke. Das Licht bricht sich aus jedem Blickwinkel anders. Einige Fenster konnte Veit Hedel sogar reparieren oder nachbauen – mit alten Walzglasscheiben aus DDR-Produktion, die in den alten Rahmen steckten.

Fenster sind die Augen des Hauses – sagt man. Die „Augenbrauen" stammen wohl noch aus den 30er-Jahren des vergangenen Jahrhunderts.

Herrenzimmer, Rauchersalon, Honeymoon-Suite: Hausherr Philipp Kaszay hatte schon einige Ideen für den Turm von Kobrow entwickelt – jetzt kann man das Loft ganz normal mieten.

Die März-Sonne scheint auf das Gutshaus, vorbeiziehende Wolken und Nebelschwaden verändern ständig den Lichteinfall durch das unregelmäßige Glas mit seinen leichten Verwerfungen. Der Raum hinter den Scheiben beginnt zu leben. Philipp ist das erste Mal seit langer Zeit richtig glücklich. Und läuft draußen um das Haus herum. „Das ist es", sagt er. „So muss es aussehen! Glattes Industrieglas hätte hier wie tot gewirkt. Aber die leicht verzerrten Reflektionen, das ist eine lebendige Fassade." Es wirkt, als würde das Gutshaus ihm zuzwinkern, mit seinen neuen Augen. Vielleicht ist es auch für das Haus ein glücklicher Moment – weil es endlich wieder sehen kann.

Die Zeit, die für Philipp vor zwei Jahren stillstand, als seine Frau in einer Klinik in Neu-Ulm starb, fängt jetzt wieder an zu laufen. Es sind noch ein paar Monate bis zum September 2013 und bis zur Einschulung von Paula. Vormittags wird es zum Schul-Campus des nahen einstigen Ackerbürgerstädtchens Laage gehen und danach ins Schloss zu Kobrow, mit einem Familienschmaus im Saal. Der hat jetzt zwar tolle Fenster und eine Terrassentür, aber keine Terrasse dahinter und vor allem: keinen Fußboden darinnen! Die Balken sind zwar schon freigelegt und geflickt. Aber die bestellten Kiefernholzdielen, vier Meter fünfzig lang und 31 Zentimeter breit, mit eingefräster Nut und Feder, liegen nach wie vor ordentlich aufgestapelt im Nebenraum. Und Philipp? Verzettelt sich anscheinend mit immer neuen Baustellen in seinem Riesenhaus. Gerade geistert er im Turm herum. Hier oben, das hat er herausbekommen, muss der Tischler der LPG „1. Mai Kobrow" gewohnt haben. Ein Mann, der noch echte Handwerkerehre im Leib hatte. Der hat die zwei Spitzbogenfenster des Turmzimmers nachgebaut und die alten Flügel, kunstvoll sprossiert und fast gotisch wirkend, sauber auf dem Dachboden eingelagert. Vielleicht hat er damals gehofft, dass irgendwann mal wieder bessere Zeiten anbrechen würden für das alte Haus. Und für die Menschen. Philipp schleppt die historischen Flügel vorsichtig die steile Treppe hinunter. Er kennt ja jetzt jemanden, der die wieder reparieren kann …

Dann sind es plötzlich nur noch zwei Wochen bis zu Paulas Einschulung. Die neuen Kieferndielen liegen weiterhin gestapelt, der Saal wird und wird nicht fertig. Und jetzt fangen auch die Fernsehleute, die Philipp seit einiger Zeit mit der Kamera begleiten, ein bisschen an zu drängeln: „Es wäre doch zu schön, wenn der Speisesaal nun bald begehbar würde“, flüstern sie ihm ein. Aber Philipp zuckt mit den Schultern. Das wird wohl nichts. Zu viele andere, dringendere Wunden hat das Haus, die versorgt werden müssen. Aber Ungeduld kann auch Antrieb sein. Und so organisiert die Fernsehproduktion eine Tischlereifirma, die Philipp den Fußboden einbaut. Kai Stäcker und Frank Jesse aus Rostock brauchen einen Tag, dann liegen die Eichendielen da, wo sie hinsollen. Der Saal ist wieder ein Saal. Philipp kann seine Familie aus Neu-Ulm empfangen. Zur Einschulungsfeier von Paula.

Seine Mutter kocht schwäbische Spätzle mit Gulasch und Bohnen. Seine Schwester Julia sortiert mit Paula die Süßigkeiten aus der Schultüte und Vater Paul nuckelt schweigsam an seiner Pfeife. Ein lieblicher, warmer Nachmittag in diesem Sommer 2013.

1933 wurde der Saal mit einer Kalksandsteinwand durchtrennt. „Jetzt wird nach 80 Jahren das erste Mal wieder aufgetischt und gegessen, im Speisesaal von Schloss Kobrow“, sagt Philipp in die Runde. Und bemüht sich, dabei nicht allzu feierlich zu wirken. Aber trotzdem ist es ein historischer Moment.

Philipps postsozialistische Gutshausbaustelle

Aber eben nur ein Moment. Denn der große Raum in der Mitte des Hauses mit den schönen Fenstern zum Garten hinaus und der passenden verglasten Tür, die auf eine Terrasse führt, die es mal gab, aber noch nicht wieder gibt, verhält sich etwas sperrig. Nachdem die Einschulungsgäste abgereist sind, beginnt auf Schloss Kobrow der Alltag. Und der besteht darin, dass Philipp und Paula im Obergeschoss der kleineren Haushälfte drei Zimmer mit Küche und Bad bewohnen. Niedrige Decken, gut zu heizen, kleine Fenster. Aber immerhin mit weitem Blick ins Recknitztal.

Während Paula ihre Tage in der Schule verbringt, baut Philipp an der ersten Wohnung für künftige Sommergäste im Erdgeschoss. Die Räume gehen nach vorne raus, mit Blick ins Dorf. Der schöne Saal auf der anderen Seite des Korridors gerät ein bisschen aus dem Fokus des Gutshausretters. Paula übt hier manchmal an dem etwas verstimmten alten Klavier. Aber sonst betritt den Saal selten jemand. Philipp stellt Überlegungen an. Er will einen benachbarten Raum zur Küche ausbauen, damit er das riesige Speisezimmer in Zukunft richtig nutzen kann. Wegen des Saales hat er das Haus ja schließlich gekauft.

Aber die Ideen kommen und gehen wie die Jahreszeiten. Und Philipps Projekte welken wie die Blätter der großen Kastanie hinten im Park: Statt Saal mit angrenzender Kochgelegenheit baut er den ehemaligen Klub der Dorfjugend in seinem Gewölbekeller zu einer gemütlichen Gutshausküche aus. Mit Ofen, großem Holztisch und Tür direkt zum Garten. So muss es einst auch gewesen sein. Ein schöner Ort, hier wird jetzt viel Zeit verbracht.

Irgendwann reisen die ersten Sommergäste an. Bald werden es mehr. Es spricht sich herum, dass es sich in Kobrow gut ausspannen lässt. Außerdem gibt es diese Doku-Reihe im NDR Fernsehen, die immer mehr Fans hat, von denen sich nicht wenige auf die Socken machen nach Mecklenburg-Vorpommern, ins Parkland, zur direkten Inaugenscheinnahme ihrer Idole.

Philipp hat mehr Buchungen, er braucht mehr Betten, mehr Platz. Christina von Ahlefeldt und Knut Splett-Henning ermuntern ihn zum Improvisieren: „Wenn die Leute kommen wollen, biete ihnen doch das, was Du hast, ohne Beschönigungen“, feuern ihn die beiden an. Wände ohne Farbe,

Türen ohne Rahmen, Zimmer ohne eigenes Bad und rustikal möbliert mit alten Schränken – alles keine Hürde. „Sterile Hotelzimmer mit Standardausstattung gibt es doch genug", reden sie auf ihn ein. Und Knut erfindet „Philipps postsozialistische Gutshausbaustelle" – mit eigenem Account bei Airbnb. Von nun an, und nach einer weiteren Folge von „Mut, Mörtel und ohne Millionen", gehört Philipps Domizil auf einmal zu den meistgeklickten Airbnb-Unterkünften Deutschlands.

„Wenn es Brei regnet", sagen die Menschen in Botswana, „sollte man einen Löffel dabei haben." Und die Tswana müssen es wissen, denn in ihrer Heimat, in der Steppenwüste des südlichen Afrikas, regnet es fast nie. Und Brei schon gar nicht.

Aber in Philipps Fall sind es auch keine Löffel, die er bereithalten muss, sondern nur ausreichend Betten und Zimmer, weil das Füllhorn Internet jetzt Übernachtungsgäste über Schloss Kobrow ausschüttet wie ein langerwartetes Sommergewitter in der Zentralkalahari. Der Saal muss herhalten als Reserveraum. Doppelbett rein. Schlafmöglichkeit fürs mitreisende Kind auf der Couch. Bad übern Flur. Kein Problem. Familien reisen an. Freundeskreise, Wanderer, Neugierige, Feierwütige und Natur- oder Gutshausliebhaber. Alle sollen unterkommen, denn sie bringen Geld in die Kasse, das Philipp dringend braucht – damit er weitermachen kann. Er richtet zügig, aber dennoch mit Geschmack neue Wohnungen ein.

Philipp kann neue Fenster bestellen, Bäder einrichten, er baut an einem Gästezimmer im Turm und er beginnt zu träumen: „Eigentlich geht es ja darum, richtig Platz zu haben und deshalb in dem großen Haus zu wohnen. Warum sollte ich dann also im kleinsten Zimmer sitzen und in der dunkelsten Ecke meinen Tag verbringen?" Er klingt fast ein bisschen trotzig dabei, aber nach den vielen Jahren des Lebens auf einer Dauerbaustelle muss man sich auch mal belohnen dürfen. „Und deswegen ist das jetzt die neue Überlegung", sagt Philipp, „mal selbst die repräsentativeren Räume zu beziehen." Nur die Farbgestaltung bereitet dem Hausherren noch etwas Kopfschmerzen. Vielleicht ein dunkler Grünton? Weil sein neues Projekt schließlich mal das Gartenzimmer war. Ein gewaltiger L-förmiger Raum, mit fast vier Meter hohen Decken, mit Gartenzugang und kolossalem Blick ins Dorf. Den passenden Teppich hat er schon. Und einen Farbfächer mit den herrlichsten Grüntönen für die Wände. „Vielleicht kann man auch mal was mit Tapete machen", fragt sich Philipp.

Ächzend rollt er den gigantischen Teppich aus, den er in seinem fast unerschöpflich scheinenden Fundus entdeckt hat. „Schon sieht der Raum möbliert aus", findet Philipp. „Zur Bauzeit des Hauses gab es ja noch keine Auslegware, sondern man hatte auf diesen Dielenböden solche riesigen Teppiche. Das passt dann ja wieder ganz gut zur Hausgeschichte und macht es auch ein bisschen wohnlicher."

Philipp lässt sich auf ein staubiges, etwas abgewetztes Chaiselongue fallen und das Gartenzimmer auf sich wirken: „Ich finde, es hat seinen Reiz. Zumal wenn man versucht mit beschränkten Mitteln etwas zu gestalten, dass dann trotzdem nicht so aussieht, wie wenn man kein Geld gehabt hätte." Er lacht sein etwas schrilles Philipp-Lachen.

Das Temperatur-Thema

Der deutsche Physiker Daniel Gabriel Fahrenheit war ein Erfinder von Messinstrumenten aller Art. Er interessierte sich für die Phänomene Luftdruck, Temperatur und die Ausdehnung von Materialien. Das präzise arbeitende Quecksilber-Thermometer ist wohl seine bekannteste Erfindung. Fahrenheit hat schon zuvor mit Weingeist als Ausdehnungsflüssigkeit experimentiert, aber mit einem Gramm Quecksilber, eingesperrt in ein Kapillar-

Die Corona-Krise bringt einiges durcheinander und so manchen in finanzielle Bedrängnis: In Rensow wird das Tafelsilber geputzt und versetzt. In einer ungewissen Zeit ohne Vermietungseinnahmen hilft jeder Euro.

röhrchen, das wiederum versehen mit einer kalibrierten Skale ist, brachte er der Menschheit ein Temperaturmessgerät für fast alle Lebenslagen. Verwendbar von minus 40 bis plus 300 Grad. Ob Fieber, Heizkessel oder Raumtemperatur.

In den USA wird heute noch die Temperatur in Grad Fahrenheit gemessen. Eine bizarre, unregelmäßige Skale mit einem Nullpunkt bei minus 17,6. Dem Gefrierpunkt von Fahrenheits Weingeistflüssigkeit.

Das alte Quecksilberthermometer dagegen, dass im Gartenzimmer von Schloss Kobrow hängt, zeigt auf seiner sauber und gleichmäßig kalibrierten metrischen Skale die Temperaturen diesseits und jenseits des Gefrierpunkts von Wasser an. Und diese Werte sind im Winter 2019/2020 recht unerfreulich. Philipp hat zwei gusseiserne dänische Öfen an die alten Schornsteinzüge angeschlossen und verheizt kubikmeterweise sein mühsam gespaltenes und gut abgelagertes Holz. Wenn beide Öfen knistern und bollern, wird es irgendwann auch etwas molliger im Raum. Aber wehe, der Hausherr ist mal einen Tag nicht da. Dann ist die ganze Heizerei für die Katz und das unerschütterliche Quecksilber des Raumthermometers zieht sich wieder zusammen, bis nur noch Werte von fünf, vier, drei Grad Celsius an der Skale abgelesen werden können. Der Atem dampft einem vor dem Gesicht. Und das im Innenraum!

So geht es nicht. Das Gartenzimmer als Wohnort fürs ganze Jahre ist damit gestorben. Es füllt sich wieder mit gespendeten Möbeln, mit Balken, Brettern und anderem Baumaterial. Philipp muss ein weiteres Mal umdenken. Er hört mit dem Heizen auf. Und zusammen mit Willy Thomsen, seinem unerschütterlichen und treuen Haushandwerker und -klempner, schleicht er durchs Gemäuer und stellt das Wasser ab. Sie entlüften die Leitungen und legen die große Haushälfte wieder still. Winterschlaf. Projekt Gartenzimmer auf Eis.

Angekommen auf Schloss Kobrow

Als sich draußen im Park die ersten chromgelben Winterlinge aus ihren Blütenknospen schälen, gefolgt von weißen Schneeglöckchen, lila Krokussen und schließlich Buschwindröschen, wilden Veilchen und Barläuch, der den Maiglöckchen daneben zum Verwechseln ähnlich ist, blüht leider auch eine Lungenkrankheit auf, die das öffentliche Leben auf der ganzen Welt zum Erliegen bringt. Grenzen werden geschlossen, Flüge gestrichen, Reisen storniert. Lockdown. So wollen Politiker und Mediziner den hochansteckenden Virus stoppen. Die ganze Menschheit ist betroffen. Es ist, als ob die Erde sich aufhört zu drehen. Oder sich zumindest langsamer bewegt.

Bei den Gutshausrettern in Mecklenburg-Vorpommern, die meist mit Vermietungskonzepten ihre Häuser und sich am Leben erhalten, brechen die Einnahmen weg. Die erste Welle des Coronavirus dauert nur drei Monate, es folgt ein kurzer geschäftiger Sommer, der den Ferienvermietern in ganz Deutschland ausgebuchte Häuser und hohe Einnahmen beschert. Der Mensch verreist nicht mehr ins Ausland. Aber dann schlägt der Virus erneut zu. Die zweite und die dritte Welle gehen ineinander über und lähmen bei den Virus-Opfern die Atmung und im Gastgewerbe das Geschäft.

Knut Splett-Henning und Christina von Ahlefeldt in Rensow beginnen im Herbst 2020, ihr Tafelsilber im Internet zu verhökern. Zum Glück haben sie das Haus voll mit Antiquitäten, Porzellansammlungen und seltenen Ausstattungsstücken von Wert. Sie müssen drei Kinder durchbringen und eine dänische Dogge.

Auch Philipp auf Schloss Kobrow schnallt den Gürtel enger. Aber er ist harte Zeiten gewöhnt und Schicksalsschläge. Zum Optimismus gibt es für ihn keine Alternative. „Wenn ich keine Gäste habe", sagt er, „kann ich wenigstens wieder im ganzen Haus bauen und Krach machen. Und muss auf niemanden Rücksicht nehmen." In den stillen Monaten des Lockdown und des Beherbergungsverbots keimen dann auch neue Ideen auf beim Hausherrn. Seine Gedanken drehen sich wieder mehr um den Saal, der da jetzt so leer und ungenutzt hinter seinen großen Doppeltüren schlummert.

Philipp Kaszay fasst im Frühjahr 2021 – das Coronavirus gibt es jetzt schon eineinhalb Jahre und fast ebenso lange muss er ohne Gäste ausharren, ist fast ohne Einnahmen – einen Entschluss: Der Saal wird wieder seiner. Das Eckzimmer daneben, das er einst als Baustofflager genutzt, dann als eigene Küche konzipiert und später zum Gästezimmer für mehr Einkommen gemacht hat, wird sein Wohnzimmer. Gemütlich, beheizbar und mit herrschaftlichem Blick in den Park und über die benachbarte Pferdekoppel.

Philipp sitzt in einem Sessel – wie einst Bodo von Bülow – und schaut zufrieden erst aus dem historisierten Walzglas nach draußen und dann durch die geöffnete Flügeltür in den Speisesaal. Seinen Saal. Jetzt erst, nach neun Jahren Bau und Umbau, nach Planungen und Fehlplanungen, nach vielen Irrungen und Wirrungen, scheint er endgültig angekommen zu sein, der neue Hausherr von Kobrow.

Die Werkstatt des Philosophen

Veit Hedel und ein Hoch auf das Handwerk

Im dunklen, sumpfigen Wasser, das auf den Wiesen steht, spiegelt sich ein hellblauer Winterhimmel. Uralte Kopfweiden recken hier, in einer abgeschiedenen Ecke der Insel Rügen, ihre ungeschnittenen Struwelpeterfrisuren in die Höhe. Die Sonne steht schon tief im Westen. Vor dem stolzen Giebel einer Scheune parkt ein Peugeot 206 mit französischem Kennzeichen. Es ist kalt.

Durch ein sauber gefügtes Holztor, hellgrau gestrichen und mit schwarzen, geschmiedeten Bändern versehen, dringt gedämpftes Brummen und Sausen. In der Werkstatt des Denkmalpflegemeisters Veit Hedel laufen Untertischsäge und Abzugsanlage. Und es ist der melodische, elegante Klang von Französisch zu hören. Einmal mit deutschem Akzent und einmal ohne. Veit, mit wachen dunklen Augen in einem freundlichen Gesicht, diskutiert mit seiner Gesellin Eliane Lenouvel, die aus einem kleinen Ort in der Nähe von Rouen in der Normandie stammt, den Nachbau einer historischen Treppe. Für die Stufen schneidet er passende Hölzer aus vierzig Millimeter dicken, gut abgelagerten Eichen-Bohlen. Das weiche Splintholz, oft einige Zentimeter dick unter der Borke, muss ab. Eliane fügt die passenden Stücke aneinander und presst sie mit großen Zwingen fest zusammen, bis eine schmale Spur schneeweißen Holzleimes aus der Fuge quillt.

Es ist warm hier drinnen.

Neben der Eingangstür strahlt ein stählerner Ofen Wohligkeit aus. „Wir heizen nur mit den eigenen Holzabfällen", erklärt Veit. Selbst der Schleif- und Sägestaub aus der Abzugsanlage wird, zu faustgroßen Pellets gepresst, verbrannt. „Nachhaltigkeit", mahnt Meister Veit, „diese Werkstatt verlässt kein Abfall mehr." Sogar die selbst erzeugte Wärme bleibt im Raum, denn die moderne Absaugung ist innen aufgestellt und der aufgefangene Sägestaub rieselt in kleine Container darunter. „Normalerweise", erläutert Veit, „stehen die Dinger draußen auf dem Hof, mit großen Silos. Die ziehen aber auch die ganze Wärme aus der Werkstatt raus."

„Du brauchst gute Lehrer"

Der Mann macht sich Gedanken. Um Abläufe, um Technologien, um Bauepochen, um Kunstgeschichte und um die universelle Verbindung von allem mit jedem. Er spricht Französisch, Englisch und ein bisschen Portugiesisch.

Gleich nach dem Abitur hätte er studieren können, Ende der 90-er Jahre. Aber Veit Hedel will Handwerker werden, unbedingt. Schule ist ihm „so zuwider, immer nur sitzen und passiv Wissen vermittelt bekommen". Klar möchte er etwas lernen, aber er will „aus diesen Frontalunterrichtsstrukturen raus". Und Holz scheint ihm der ideale Begleiter auf seiner Lebensreise zu sein. Schon als Kind hat er viel gebaut und gebastelt. Mit den Händen kleine Welten geschaffen.

„Heutzutage ist es doch so", sagt Veit: „Der begabtere Lehrling oder der schlauere Handwerker steht dann am Ende an einer komplexen Maschine, landet gar im Management seines Betriebes, am Schreibtisch." Für ihn, den Restaurator und Tischlermeister, geboren in Dresden, als lernender Geselle auf Wanderschaft in Portugal, Frankreich wie auch Italien unterwegs gewesen, den Kopf wach und aufgeräumt, ist der Schreibtisch die Hölle. Betrieb, Brigade, Aufträge abarbeiten – für einen wie Veit undenkbar.

Bei den Compagnons du Devoir, einer Art Eliteschule des traditionellen Handwerks, macht er seinen französischen Meister. Zwei Jahre lang lebt und arbeitet er mit den Compagnons in Frankreich. Veit gerät ins Schwärmen, wenn er an diese Zeit zurückdenkt. „Ein Campus voller engagierter Handwerker mit Zimmerern, Schmieden, Maurern oder Stellmachern. Und mit allen bist du im Gespräch, arbeitest mit ihnen. Du lernst immerzu. Das war wie ein Studium. Ich bin dort in eine enorme handwerkliche Tiefe eingestiegen. Eine sehr glückliche Zeit."

Später, mit 30, kann er sich mit einem Stipendium bei italienischen Restauratoren weiterbilden. Da ist er schon selbstständig, als Restau-

Eine abgeschiedene, windige Landschaft mitten auf der Insel Rügen. Hier hat der Tischlermeister und Denkmal-Handwerker Veit Hedel sein Domizil. Nichtsdestotrotz ist er international vernetzt und auf Jahre ausgebucht.

rator und Tischler auf Rügen. Durch seinen Biss und seine Weltläufigkeit ist Veit Teil eines großen Netzwerks von meisterhaften Handwerkern geworden. „Du brauchst gute Lehrer", sagt er, und wird dabei gerade selbst zu einem. Nebenbei bespricht er mit der 24-jährigen Eliane in fließendem Französisch ein kleines Konstruktionsproblem.

Das Lager der guten alten Dinge

Hinter einer wärmegedämmten Schiebetür liegt der kalte Teil der Werkstatt. Das Lager. Lange Bohlen stapeln sich hier, sortiert nach Holzarten und säuberlich geschichtet mit kleinen Zwischenhölzern, damit die Luft zirkulieren kann. Buche und Eiche von der Insel Rügen, aus einem nahen Forst, Fichte, Kiefer, Douglasie. Aber auch amerikanischer Nussbaum und afrikanisches Mahagonie von einem Holzhändler. Sonderposten aus Übersee, die Veit Hedel auf Verdacht gekauft hat. „Das kann man sich ja ruhig mal hinlegen, aber nur wenn man viel Platz hat. Irgendwann wird das verbaut." Genauso ein Schnäppchen sind auch die 240 Quadratmeter echtes Eichenparkett, die ein Händler dringend loswerden wollte. Auf kleinen Paletten gestapelt harren tausende Eichenbrettchen dem, was da kommen mag. „Echtes Parkett verlegt heute keiner mehr", weiß Veit. „Zu teuer. Die Arbeitszeit."

Aber es gibt sie eben noch – die guten Dinge. Im Türenlager stehen alte Zimmer- und Haustürblätter, 100 Jahre alt, 150, 200. Bei Nachfrage werden die aufgearbeitet und wieder eingebaut in Häuser, die es verdient haben. Im unscheinbaren Glaslager, einem schmalen, hohen Regal, stehen dicht gepackte, aus alten Fenstern ausgebaute Gläser. Walzglas aus dem vorvorigen Jahrhundert – das mit den schönen Schlieren im Material. Und so geht das im kalten Teil der Scheune, dem ehemaligen Schweinestall, immer weiter. Schlüssellager, Schlösserlager, Beschläge, Bänder, Griffe, Knaufe und Scharniere.

Beim Streifzug durch seine Schatzkammern beklagt Veit Hedel das Abhandenkommen der Werkstatt in unserem Alltag und im Straßenbild. Er hat recht. Gutes Handwerk und vor allem deren Werkstätten sind meist unsichtbar geworden in der modernen Welt. Schuhmacher, Schreiner, Schmied. Töpfer, Korbflechter, Stellmacher – alles kaum noch vorhanden im Straßenbild und in Innenhöfen. Sondern verdrängt in Gewerbegebiete am Stadtrand. Oder ins Ausland. Oder ins Museum.

„Hier", Veit zieht aus der dunklen Tiefe der Abteilung Kastenschlösser ein schweres Exemplar. „Bauhaus! Original." Kantiger Drücker mit rundem Griffteil aus Messing, solide Mechanik, liegt schwer in der Hand. „In Frankreich würden sie dir dafür die Füße küssen", sagt Veit. „Super selten geworden."

Dann greift er sich eine schmale Pappschachtel mit Barcode. „Das wird heute im Fachhandel angeboten als Kastenschloss gehobener Qualität." Die Hälfte der Mechanik besteht aus Plastik. Veit schüttelt traurig den Kopf.

Döschlerei – in Kunterbunt

Die alte Scheune ist riesig und gehört zu einer barocken Gutsanlage. In ihr hat Veit Hedel seine Werkstatt eingerichtet – weil er hier Platz hat und weil ihm die Gegend gefällt. Zur Pacht. Kein Werbeschild weist darauf hin. Nicht mal ein Firmenname.

Draußen steht sein weißer VW Transporter mit einem wuchtigen Dachgepäckträger, den Veit von seinen Kindern bemalen ließ. Kunterbunt und krakelig sind ein Tisch und ein Stuhl und ein Haus darauf gepinselt. Rot, blau, grün, die Farben schon etwas verwaschen. Und eine Telefonnummer, kaum zu entziffern. Veit steht in der Tür seiner Werkstatt und lacht: „Über diese Mobilnummer da oben bekomme ich die meis-

Das Refugium eines Vollbluthandwerkers, der vom Holzeinschlag im Wald, über Sägewerk, Trocknung bis zum richtigen Farbanstrich alles unter seiner Kontrolle hat. Alte Beschläge, Schlösser und Scharniere finden sich in seiner ständig wachsenden Sammlung. Historische Türen und Fenster warten hier auf ihre Wiedererweckung.

ten Geschäftskontakte!" Mehr braucht er nicht. Dann wird er ernst. „Ich hab keine Internetseite. Kein Facebook. Brauche ich alles nicht. Nervt mich nur." Vor Aufträgen kann er sich trotzdem nicht retten. Sein Mobiltelefon hat zwölf große Tasten und einen dicken Gummirand. Ein Handwerkerhandy. „Anfragen für Baustellen weit außerhalb sage ich oft ab." Meist ist er nur in einem 30-Kilometer-Radius um seine Werkstatt aktiv. „Ich will doch arbeiten", sagt er, „Dinge schaffen. Problemstellungen mit den Händen lösen. Und nicht Stunden im Auto auf dem Weg zur Baustelle verbringen."

Das sagt einer, der Handwerker wurde, um frei zu sein. Der sich mit den Fähigkeiten des Tischlers und mit seiner Hände Arbeit überall auf der Welt ernähren kann. Egal, wohin es ihn verschlägt. „Jeder braucht mal einen, der ihm was baut." Mit 17 lernte er auf einer Tramptour durch Island einen Bauern kennen. Der nahm ihn mit und erzählte von

Erst muss das Splintholz ab von den jahrelang luftgetrockneten Eichenbohlen. Dann kann Veit Hedel Treppenstufen schneiden für einen Auftraggeber mit Gutshaus.

Mehr Werbung muss nicht sein, findet der Meister. Auf dem Dachgepäckträger seines 20 Jahre alten VW Transporters durften sich seine Kinder verewigen.

seinem kaputten Garagentor. Veit wohnte bei ihm ein paar Tage und baute ihm ein neues Tor. „Der Mann war glücklich“, sagt Veit. „Und ich auch!“

Jetzt sind es Bauherren in Mecklenburg-Vorpommern, die froh sind, wenn Restaurator Veit auftaucht. In den Kirchen von Griebenow und Hiddensee hat er monatelang gearbeitet, in seiner Werkstatt steht das neu angefertigte Gestühl für das Theater Putbus auf Rügen, für einen privaten Bauherren, der sich ein Landschloss bei Rostock angelacht hat, tüftelt er an einer historischen Wandverkleidung. Und auf der Gutshausbaustelle von Losenitz lernte er an einem Januartag vor einigen Jahren Philipp Kaszay kennen, der ihm wenig später alte Fenster aus Kobrow brachte …

Giftmord, Gutshaus, Golden Globe

Christina Ahlefeldt-Laurvig, Knut Splett-Henning und ein Hauch Hollywood in Behren-Lübchin

Die Menge ist gewaltig. Auf dem Domshof zu Bremen drängen sich an diesem Morgen 35000 Menschen. Es ist der 21. April 1831. Auf dem Platz ist schon am Abend zuvor ein Schafott aufgebaut worden. Eine Art kleine Bühne, das „chaufaut", wie es auf Altfranzösisch heißt, ein Schaugerüst. Die plappernde und murmelnde Ansammlung verstummt, als ein Pferdewagen knarzend auf den Platz einbiegt. Eine abgemagerte und früh gealterte Frau hockt angekettet auf der Ladefläche. Es ist Gesche Margarethe Gottfried. Eine Serienmörderin. Sie wird von ihren Bewachern auf das Blutgerüst geführt, wie das Schafott auch genannt wird in diesen Zeiten. Ein Raunen geht durch das versammelte, neugierige Volk. Niemanden störte die frühe Stunde. Auf diesen Tag haben sie lange gewartet. Der vorsitzende Richter exklamiert das Urteil: „Schuldig des heimtückischen Giftmordes in fünfzehn Fällen!" Gesche Margarethe Gottfrieds Opfer waren ihre Ehemänner, Freunde, Kinder der Nachbarn, ihre Vermieter und Gläubiger. Fassungslos haben die Bürger der Hansestadt zur Kenntnis nehmen müssen, dass ausgerechnet „Der Engel von Bremen" – eine unter dem schmerzlichen Verlust ihrer engsten Angehörigen und Freunde leidende Frau, immer wieder vom Schicksal heimgesucht – es selber war, die ihre Vertrauten ins Jenseits schickte. Ein Todesengel.

Der Bremer Senator und Untersuchungsrichter Franz Friedrich Droste zerbricht einen Holzstab als Symbol dafür, dass das Urteil rechtskräftig sei. Tod durch das Schwert.

Die Menge hält den Atem an – es wird gespenstisch still auf dem Domshof. So still, dass jeder hören kann, wie ein hohes Glas mit Rotwein gefüllt und der Mörderin übergeben wird. Doch Gesche Margarethe Gottfried nippt nur daran und reicht dann jedem einzelnen Richter die Hand. Während die Helfer des Henkers sie auf dem Stuhl des Schafotts festschnallen, betet sie ohne Pause.

Ein Assistent greift in ihre grauen, strähnigen Haare, um den Hals in die Länge zu ziehen. Das Fallbeil blitzt kurz auf in der Aprilsonne, als es heruntersaust auf den Block, um den Kopf der Gesche Gottfried sauber vom Körper zu trennen.

Die Menge stöhnt auf, Frauen kreischen spitz, Kinder schreien. Blut schießt in Schüben aus dem Rumpf. Der abgeschlagene Kopf wird, wie in diesen Tagen üblich, noch einmal herumgezeigt. Um dann später in Formaldehyd eingelegt zu werden. Der abgetrennte Körper kommt in einen schlichten Sarg, wird später im Pathologischen Institut der Bremer Krankenanstalten skelettiert und bis 1912 in einem Schrank aufbewahrt. Das Institut brennt kurze Zeit später, während des Ersten Weltkrieges, vollständig ab. Der Glaszylinder mit dem präparierten Kopf geht im Zweiten Weltkrieg verloren. Die Vollstreckung auf dem Domshof bleibt die letzte öffentliche Hinrichtung in Bremen.

Respekt vor der Vergangenheit

Im Archiv des Kopenhagener Rathauses ist es ungewöhnlich unruhig. Möbelpacker schieben mit Rädern versehene kleine stabile Platten durch die Flure. Ihnen entgegen kommen Rathausmitarbeiter und rollen Wagen voller Akten vor sich her. Draußen wird ein LKW von der Firma GENBYG beladen. Die Arbeiter bauen die alten Archivregale ab, viele Meter lang. Mindestens hundertfünfzig Jahre alt. Hellgrau gestrichen mit vielen Gebrauchsspuren, aber intakt.

Die Dänen sind weit vorn mit der Digitalisierung ihrer Ämter. Und so ist auch schon ein großer Teil der Kopenhagener Rathaus-Akten von leistungsfähigen Scannern verdaut worden und lagert nun in Form von Nullen und Einsen, doppelt redundant gesichert, auf terabyte-großen Festplatten des Zentralservers.

Dänemark ist ein ruhiges Land. Mit glücklichen Menschen und einer modernen Verwaltung. Die Dänen lieben ihre Inselwelt, das Wasser drumherum und ihre Geschichte. Sie fahren alte Autos, wohnen in liebevoll restaurierten Häusern, vor denen Stockrosen blühen, und achten auf ihre Umwelt. Meistens jedenfalls. Und sie schmeißen wenig weg.

Die Möbelpacker wuchten die Archivregale in ihren Laster und schieben sie nach ganz hinten durch. Sie brauchen noch Platz auf der Ladefläche. Nach dem Rathaus haben sie einen zweiten Abholtermin. Das historische Hospital der dänischen Hauptstadt wird saniert und auf den neuesten Umweltstandard gebracht. 80 Kastenfenster, neobarock, ebenfalls über 100 Jahre alt, sind vorsichtig ausgebaut worden und warten auf Abholung durch die Leute von *GENBYG*, einer kleinen Firma am Rand von Kopenhagen, die sich auf den Handel mit historischen Bauwerkstücken spezialisiert hat.

Über die stillen Straßen und Alleen des Mecklenburger Parklandes fährt der Berliner Journalist Udo Flohr mit seinem silbergrauen Audi A2 von Dorf zu Dorf. Er hält eine Landkarte auf dem Schoß und die Augen offen. In seiner Aktentasche schlummern Stapel von Manuskriptpapier, Fotos, ausgedruckte Internetseiten. Flohr will sich einen Traum verwirklichen. Er sucht ein möglichst abgelegenes Gutshaus, wo er ungestört seinen ersten Spielfilm drehen kann. Drei Jahre hat er, der eigentlich Wissenschaftsredakteuer beim deutschen Ableger des MIT, des Massachussets Institute of Technology, ist, recherchiert und geschrieben. Aber zum Ausgleich hat er sich in eine Welt vertieft, in der es noch nicht einmal elektrischen Strom gab. Die Geschichte der Gesche Margarethe Gottfried aus Bremen hat es ihm angetan. Die Giftmörderin. Die letzte Frau, die in Norddeutschland öffentlich hingerichtet wurde.

In zahllosen schlaflosen Nächten hat er sein Drehbuch geschrieben, hat Co-Autoren zu Rate gezogen, um einen guten Plot zu stricken, und Psychologenkongresse besucht, um das Wesen der Giftmörderin verstehen zu können. In den USA ist es ihm schließlich sogar gelungen, Wagnis-Kapitalgeber für sein Filmprojekt zu finden. Nach Mecklenburg wiederum ist er gekommen, weil er einige Filmleute in Rostock kennt und es hier viele alte Häuser gibt. Mit ihm im Wagen sitzen eine Schauspielerin und ein Set-Designer.

Willkommen auf Gut Rensow

Jetzt suchen sie hier im Parkland einen Drehort für die „interior shots", die Innenaufnahmen. Udo Flohr tingelt von Gutshaus zu Gutshaus. Aber es ist alles nicht so einfach. Mal ist das Haus zu jung, mal zu alt. Schloss Klein Kussewitz ist gerade insolvent und im Verkauf, Herrenhaus Dersentin ist zu jung, Gutshaus Belitz war zwar schon Drehort für die ARD-Serie „Abenteuer 1900", ist jedoch inzwischen unpassend möbliert und dazu noch bewohnt. Baber Bongardt, die Hausherrin von Belitz, rät ihm: „Im Nachbardorf gibt es eine Familie, die haben ein Haus, das ist toll ausgestattet." Udo Flohr und seine kleine Entourage setzen sich sofort in Bewegung: „Aber ich sage ihnen gleich", ruft sie ihm noch hinterher. „Da ist alles barock."

Das Auto rollt knirschend auf den sandigen Hof von Gutshaus Rensow. Da steht schon Bendix, ein kecker kleiner Kerl von acht Jahren, der Sohn von Knut und Christina, und streckt den Besuchern die Hand entgegen: „Willkommen auf Gut Rensow!" Udo Flohr ist beeindruckt von dieser Begrüßung. Und vom Innendesign. Er streift durch die Gemächer des Gutshauses wie in einem Traum, Bendix führt ihn herum. Seine Mutter, Christina von Ahlefeldt, bereitet einen Tee in der urgemütlichen Gutshausküche. „Innerhalb von fünf Minuten fühlte ich mich, als würde ich zur Familie gehören", erinnert sich Flohr.

Rensow ist jedoch zu alt. Viel zu alt. Völlig falsche Epoche – erklärt Christina dem Drehbuch-Debütanten und führt ihn dann noch durchs Dorf, zeigt Bauernhäuser und die alte Schule. Aber Udo weiß nicht so richtig. „Wir können Dir die alte Schule auf 1720 oder 1750 machen", erklärt ihm Christina. „Gar kein Problem." Aber 1820? Das haut hier nicht hin. Immerhin wird an diesem Nachmittag im Februar eine Freundschaft besiegelt. Christina holt zum Schluss noch ein altes Biedermeierkleid hervor. Die mitgereiste Schauspielerin probiert es an. Udo ist ganz hin und weg von ihren Ideen und ihrem Gestaltungstalent. Und als er im Arbeitszimmer des Gutshauses, zwischen dunklen Möbeln und bizarren Jagdtrophäen an den Wänden, in einem schweren, roten Ledersessel versinkt, denkt er: „Das hier ist nicht Spätbarock. Das ist LSD."

Knut und Christina beschließen etwas später, den Filmemacher aus Berlin zu unterstützen. Und sie wollen ihm noch ein anderes Gutshaus zeigen. Jenes von Behren-Lübchin, sie haben es gerade erst gekauft. Ein Haus im Rohzustand sozusagen. „Das Ding ist wie eine leere Leinwand", meint Knut. „Es steht leer, muss sowieso entblättert werden. Da wäre vieles möglich." Es ist Ende Februar 2018.

Die Jagd nach Requisiten

Das Internet ist erst seit 20 Jahren so richtig im Gange und ein fantastisches Werkzeug unserer Zeit geworden. In einem unvorstellbaren Datenstrom schwimmen nicht nur die frisch eindigitalisierten Archivdokumente des Kopenhagener Rathauses zu ihren Interessenten an den heimischen Bildschirm. Der Lebenslauf der Bremer Serienmörderin Gesche Margarethe Gottfried ist ebenfalls jederzeit abrufbereit bei Wikipedia. Der Berliner Regisseur Udo Flohr stöbert online bei Casting Agenturen nach Schauspielern und Schauspielerinnen, die zu seinem Filmprojekt passen könnten. Und wer nach Requisiten und anderen Ausstattungsstücken sucht, der findet auf der Website des dänischen Gebrauchtbaustoffhändler GENBYG einen umfangreichen Katalog. Und die Ebay-Kleinanzeigen sind ein grandioser Flohmarkt für die ganze Welt.

Knut Splett-Henning hockt wie so oft stundenlang an seinem Lieblingsplatz im Arbeitszimmer von Rensow und recherchiert. In der Ecke, gleich neben der Eingangstür, auf der aufgeklappten Schreibfläche eines barocken Sekretärs, steht

Stilsichere Designerin: Christina von Ahlefeldt-Laurvig hat einen Blick für die Ästhetik des Barock und den Reiz des Bizarren.

sein Laptop. Man sieht Knut davor kaum. Er verschmilzt in seinen dunklen Klamotten, in grauen Filzpantoffeln, beige-brauner Strickjacke, eingeklemmt zwischen dem Möbelstück, seinem Stuhl und einer dunklen Kommode im Rücken, mit seiner Umwelt. Ein präparierter Leopardenkopf schaut ihm über die Schulter. Ein Vorfahre seiner Frau, Urgroßvater Bendix von Ahlefeldt-Laurvig, in Öl gemalt, schimmert gütig blickend aus goldenem Rahmen. Dicke Kerzen spenden Licht und Stimmung. In Knuts Pupillen spiegelt sich der blassblaue Bildschirm seines Computers.

Das Drehbuch für den Gesche-Gottfried-Film ist angekommen in Rensow. Zwölf Szenenbilder sind darin beschrieben, neun oder zehn könnten in Behren-Lübchin gedreht werden. Und Knut recherchiert jetzt bei diversen Auktionen und auf den Internetseiten von Antiquitätenhändlern nach passenden Möbeln für die Kulissen. Voller Enthusiasmus haben er und Christina die Aufgabe übernommen: Sie vermieten nicht nur das Gutshaus Behren-Lübchin an die Filmproduktion, sondern können auch einen großen Teil der Crew bei sich in Rensow beherbergen. Und sie werden für die historisch einwandfreie Ausstattung sorgen. Die beiden haben schon oft mit ihrem eigenen Haus in Rensow als Kulisse gedient. Für fashion shoots, Werbeaufnahmen oder Wochenendseminare von Model-Fotografen.

Der Regisseur Udo Flohr ist begeistert. Bei Knut und Christina bekommt er das Komplettpaket. Knut weiß, wo er nach passenden Möbelstücken suchen muss. Christina ist die stilsichere Designerin. „Für die Ausstattung des Szenenbildes Arbeitszimmer habe ich die alte Juristen-Bibliothek meines Onkels benutzt", lacht Christina. In der Szene soll auch ein belastendes Beweisdokument, ein Stück Papier, in einem Ofen verbrannt werden. „Kleine gusseiserne Öfen gibt es in Dänemark zu kaufen", weiß Knut. „Wegen der neuen Feinstaubverordnung sind die ja nicht mehr erlaubt."

Im Online-Katalog von GENBYG findet er nicht nur einen passenden Ofen, sondern stolpert auch über neobarocke Kastenfenster. 80 Stück, gerade erst eingetroffen. Wer alle auf einmal kauft, bekommt ordentlich Rabatt. „Das wär's ja noch", denken die beiden. „Wenn die in Behren-Lübchin passen würden ..." Sie messen Fensterlöcher nach, sie telefonieren bei den anderen Gutshausrettern herum: Die Fenster sind ein Volltreffer!

Der Maurermeister Heiko Bischof nimmt acht Stück für sein Gutsverwalterhaus in Nehringen, er will die seelenlosen Plastikfenster aus den 1990ern rauswerfen. Ronald van der Starre lässt sich 30 Fenster reservieren für sein Gutshaus in Dölitz. Zehn Stück könnten in Sommerfeld passen, einem neuen Projekt von Knut und Christina. Es läuft. Sie können den ganzen Posten kaufen. Bei *GENBYG* entdecken die Rensower zudem die Archivregale aus dem Kopenhagener Rathaus. Passend für die Arbeitszimmerszene, gefüllt mit den Büchern eines Verwandten von Christina. Von Philipp in Kobrow borgen sie sich einen Schrank und eine alte Truhe.

Aber das reicht noch nicht. Sie müssen größer denken, weiter fahren. Die Fähre Rostock–Gedser wird bald ihr zweites Wohnzimmer in diesen Tagen. Ihr einst weißer Mercedes Transporter parkt immer wieder an den Laderampen von Auktionshäusern in Dänemark und Schweden, füllt sich mit Biedermeier-Möbeln und Accessoires. Bis nach Aalborg fahren die beiden, um eine passende Waschkommode mit originaler Emailleschale zu besorgen. Morgens hin, nachts zurück. Sie haben noch drei Kinder zu versorgen und einen Hund. Gäste reisen an oder ab. Die Zimmer für ihre Vermietung in Gutshaus und alter Schule müssen aufbereitet werden. Davon leben sie schließlich. Es fühlt sich ein bisschen an, wie damals, als Knut und Christina noch in Kopenhagen lebten und in Rensow langsam das Gutshaus sanierten. Nur anders herum. Living on the run.

„Wie ein Ritt auf der Kanonenkugel“, sagt Knut. Seine Augen funkeln amüsiert.

Die Entdeckung der Gutshausküche

In Behren-Lübchin richten sie die Räume her. Das Arbeitszimmer des Senators im Erdgeschoss, einen langen Flur, ein Labor unterm Dach, eine Gefängniszelle im Keller. „Die Herausforderung“, so Knut und Christina: „In einem Haus wie Behren-Lübchin mehrere verschiedene Häuser darzustellen.“ Große, damals moderne, Fensterteilung für den Salon des Senatoren, kleine Fensterteilung für die Kammer der Serienmörderin Gesche Gottfried. Ein zentraler Drehort soll eine alte Küche sein. Hier wird Gesche Gottfried ihrem Gemahl Brot mit „Mäusebutter“ verabreichen – mit Arsen versetzter Schmalz, ein damals gängiges Rattengift.

Im hinteren Teil des Gutshauses stoßen die beiden auf einen völlig verbauten Raum. Sie entfernen die Trennwände aus frühen DDR-Zeiten, reißen ein altes Klosettbecken samt Spülung heraus und einen Waschkessel mit Kohlefeuerung. Draußen vorm Haus füllen sich robuste orangefarbene Schuttcontainer kubikmeterweise mit Bauabfall. Drinnen stehen Knut und Christina nach tagelanger Arbeit in einem leeren, dunklen, L-förmigen Raum. Über der beseitigten Zwischendecke ist ein verrauchter dunkler Schornsteinkamin zum Vorschein gekommen. Unterm bröselnden Betonestrich zeigt sich ein Muster im Baustaub. Alte Fliesen. Dunkel und hell, als Schachbrettmuster verlegt. Knut und Christina haben die alte Gutshausküche von Behren-Lübchin entdeckt. Und ein gesuchtes Szenenbild. Sie hatten so etwas geahnt an dieser Stelle.

Nachdem der Estrich komplett draußen im Schuttcontainer liegt und die Wände mit einem Streichputz geschlämmt sind, geht es an das Finish. Christina mischt einen ganzen Eimer schmutziges Wischwasser mit etwas Farbe. Dieser Mix, grob aufgetragen mit einem Quast, sorgt

Ofenklappe für die nächste Filmklappe: Wie gut, dass es in Dänemark so viele gusseiserne Öfen zu kaufen gibt – einfach aufgestapelt aus Einzelteilen und schon kann ein kleines Feuerchen brennen. Und sei es nur fürs Kamerabild.

Unter dem Beton-Estrich im Seitenflügel des Gutshauses von Behren-Lübchin verbirgt sich ein uralter Fliesenboden. Hier muss die Küche gewesen sein. Mit einer Mischung aus Firnis und Leinöl eingepinselt, kommt die alte Farbe des Fußbodens wieder zum Vorschein. Patina inklusive.

für eine schöne Patina auf den groben Wänden. Beim Fußboden greifen die beiden zu einem anderen Trick. Leinöl! Aber stark verdünnt mit Firniss. Knut und Christina rutschen auf Knien durch den Raum. Mit Pinsel und Lappen verstreichen sie die beißend riechende Mixtur auf dem Boden. Die grauen, vorher unscheinbaren Fliesen fangen plötzlich an zu glänzen. Sie schimmern wieder in ihren ursprünglichen Farben, beige und dunkelblau. Das Tageslicht fällt durch die historischen dänischen Kastenfenster. Ein Leuchten erfüllt die Küche. Knut und Christina schleppen einen grob gefügten, dunklen Holztisch herein. Haken in die Decke, Kronleuchter angehängt, Kerzen angezündet – fertig.

Die alte Gutshausküche wird auf magische Weise wieder lebendig. Der Raum ist leer, aber es fühlt sich an, als wären Magd und Mamsell nur kurz nach draußen gehuscht, um neues Feuerholz zu holen für die große Kochmaschine, die einmal direkt unter dem Kamin gestanden haben muss. Man hört ihn förmlich knistern, den alten Küchenherd – der aber noch besorgt werden muss.

„Wir haben mit der Zeit gelernt", sagt Knut, „alte Häuser zu lesen wie ein Buch." Es ist die Kenntnis von Baustilen, Epochen und Lebensweisen jener Zeit, die ihm einflüstert, welcher Teil eines Gutshauses welche Funktion hatte. Und Christina ergänzt: „So ein Haus wird zu einer Art drittem Partner in einer Beziehung. Das muss man auch aushalten können."

Kleinanzeige mit Kochmaschine

Die Beziehungskrise in dieser Ménage-à-trois bricht wenig später aus. Die Filmproduktion in Behren-Lübchin findet nicht wie geplant im Mai statt, sondern erst im September. Für die beiden Rensower eine Katastrophe. Da ist das eigene Gutshaus voll mit Sommergästen. Die müssen begrüßt, bewirtet und betuddelt werden. Außer einem schwedischen Au-Pair haben Knut und Christina keine Angestellten. Der Buchungskalender ist voll. Und sie haben schon jede Menge Arbeit und Produktionsgeld investiert für ihr eigenes Debüt als Spielfilmausstatter.

Das ruhige Landleben, ganzheitlich, im Einklang mit der Natur, den Jahreszeiten, mit der Familie als Zentrum und dem großen Haus als Heimat – das gibt es ab demnächst nicht mehr. Es kommt alles auf einmal – wie eine Lawine. Das späte Frühjahr und den Sommer verbringen Knut und Christina auf dänischen und deutschen Straßen, unausgeschlafen, abgehetzt, erschöpft. Die Beschaffung von Requisiten und zeitgeschichtlich einwandfreien Möbeln gestaltet sich schwieriger als gedacht. Die Leute von der Filmproduktion haben bestimmte Vorstellungen von der Ausstattung und Knut und Christina ihre ganz eigenen.

Es zieht sich. Regisseur Udo Flohr wirkt in dem ganzen Wahnsinn wie in Ruhepol. Später meint er: „Ein Glück, dass wir auf September verschieben mussten. Vorher, im Mai, wäre das Motiv Behren-Lübchin niemals drehfertig geworden."

Zwischendurch geht es noch auf die Insel Fünen. Jemand hat im Internet eine historische Kochmaschine im Originalzustand angeboten. Der dänische Verkäufer ist glücklich, dass der alte, zentnerschwere Herd wieder in ein Gutshaus kommt. Gemeinsam wuchten sie das Ungetüm in den Transporter, müssen extra eine Rampe aus alten Europaletten bauen, können das gusseiserne Monstrum nur zentimeterweise bewegen.

Der leidgeprüfte Mercedes von Knut und Christina schwingt und schaukelt schwerst beladen über die Primærrute Nummer 9, die die Inselhauptstadt Odense mit Svendborg und Langeland verbindet. Christina nippt an einer Cola Light, um sich wachzuhalten. Die Sonne heizt den Wagen auf. Das helle Tageslicht blendet die müden Augen. Eine schwarze Fliege landet auf dem Lenkrad. Sie ist nicht allein. Tausende ihrer Geschwister schwärmen in diesem Moment hinter Knut und Christina aus den Tiefen des lange ungenutzten Küchenherdes. Generationen von Fliegenweibchen haben darin ihre Eier abgelegt. Die Maden haben sich mehrere Tage durch uralte Ablagerungen von Fett, Blut und übergekochter Milch gefressen. Durch die Wärme im Auto beschleunigt sich der Schlupf. Es ist wie in einem Horrorfilm. Die schwarzen Fliegen setzen sich auf die Hände, krabbeln in die Augenwinkel, verfangen sich in den Haaren. Die aufdringlichen Insekten verdunkeln die Sicht durch die Frontscheibe. Es summt und kitzelt – und ist nicht auszuhalten. Knut und Christina müssen den Wagen stoppen, reißen alle Türen auf und warten, bis der Spuk vorbei ist. Fast verpassen sie deswegen die letzte Fähre.

Wettlauf mit der Zeit

Zurück in Mecklenburg nimmt die überdrehte Dynamik einer Filmproduktion erst recht ihren Lauf. Vor dem Gutshaus in Behren-Lübchin parkt eine Armada von gemieteten Lastwagen und Kleintransportern. Junge Männer und Frauen in Cargo-Klamotten laufen herum. An ihren Gürteln hängen die wichtigen Werkzeuge für den Überlebenskampf eines Technikers auf dem Set: Leatherman, Gaffa-Tape, Taschenlampe und knarzende Walkie-Talkies. Riesige HMI-Scheinwerfer mit 10 Kilowatt Tageslicht-Brennstäben werden über das Gelände bugsiert. Künstliche Sonnen, die durch die Fenster leuchten und die dunkle Gutshausküche erhellen, in der Suzan Anbeh als Gesche Gottfried am knisternden, qualmenden Küchenherd stehen soll (die Fliegen sind inzwischen Geschichte).

Die Crew hängt dem Produktionsplan etwas hinterher. Zugleich müssen Knut und Christina die nächsten Räume und Sets präparieren, sie haben nicht alles geschafft bis vor Drehbeginn. Frank, eine treue Seele aus dem Nachbardorf, dient ihnen als Bauhelfer. Sie müssen leise sein beim Bauen, können nur in Drehpausen bohren oder hämmern. Auch im Gutshaus wimmelt es von Menschen. Im Obergeschoss sind Maske und Kostüm untergebracht. Die Hauptdarsteller Suzan Anbeh und Uwe Bohm verwandeln sich dort in Gesche Gottfried und Kriminalkommissar Tonjes. Nebenan brennen Knut und sein Helfer Frank mit Heißluftpistolen den Lack von alten Türblättern. Es stinkt durchdringend und im gesamten Haus nach Farbe und Terpentin. Die Schauspieler beschweren sich darüber.

Christina arrangiert in der Küche die Requisiten neu. „Die Möhren und Kartoffeln sehen viel zu glatt aus“, bemängelt sie. „Das muss alles etwas gröber sein, schmutziger. Damals waren die Nahrungsmittel doch nicht so perfekt aufbereitet wie heute.“ Sie besorgt dunkelbraunes Packpapier, Kartoffeln und Möhren werden nochmal feucht im Sand gewälzt. Aus den kosmischen Tiefen des eigenen Fundus in Rensow hat sie 180 Jahre alte Vorratsgefäße für Mehl, Zucker, Gries besorgt. „Uns ist es peinlich, wenn die Details nicht stimmen“, sagt sie. Dann übernimmt Regisseur Udo Flohr mit seiner ganzen Entourage die Gutshausküche. „Lichtprobe, Stellprobe, Durchlaufprobe. Kamera läuft, Ton läuft. Und bitte ...!“ Die Vergiftungsszene. Take eins. Christinas Telefon summt und vibriert in ihrer Tasche. Eine Gruppe von Sommergästen ist dran. Sie stehen vor der Tür in Rensow und wundern sich, dass kei-

Man sieht es dem „Motiv“ nicht mehr an, wie viel Arbeit in ihm steckt. Von draußen wirft ein 15-Kilowatt-Halogen-Strahler sein Licht in die von Knut und Christina stilecht ausgebaute und dekorierte Gutshausküche. Hier mischt Gesche Gottfried während einer Filmszene ihr Gift in die Butter.

Oben: Ein historischer Krimi, detailgetreu inszeniert von Regisseur Udo Flohr. Das Gutshaus in Behren-Lübchin lieferte den idealen Drehort für viele Innenszenen.
Unten: Schauspielerin Suzan Anbeh in der Rolle des Todesengels Gesche Gottfried – eine Massenmörderin mit Münchhausen-Helfer-Syndrom.

Der Lohn für harte Detail-Arbeit: „Effigie" bekommt zwei internationale Filmpreise für das sorgfältige Produktionsdesign.

ner da ist. Sie seien ein bisschen zu früh, würden aber gern schon mal in die Zimmer.

So geht das fast den ganzen September. Die Arbeitstage sind 15, 16 Stunden lang. Die drei Kinder Vilhelmine, Bendix und Balthasar bekommen ihre Eltern kaum noch zu Gesicht. Denn nach den anstrengenden Drehtagen in Behren-Lübchin geht es in der Gutshausküche weiter: Knut kocht für die Hausgäste, Christina diskutiert mit Udo Flohr über Ausstattung, Szenenbilder und die Gruppendynamik auf so einer Produktion. Die Techniker wohnen in ihrer „Alten Schule" und auf dem Nachbargrundstück. Alles verschmilzt zu einem gewaltigen Strudel. Es gibt Spannungen in der Crew. Die Nächte sind kurz. Es wird gestritten und gelacht. Und am nächsten Morgen geht es wieder weiter. Knut und Christina wanken durch diese Zeit. Christina kann eines Morgens nicht mehr aufhören zu heulen. Es ist einfach alles zu viel. Sie und Knut schwören sich: Das machen wir nie, nie wieder!

Die Belohnung

Das Houston-Filmfestival ist eines der ältesten der Welt. Die Trophäe, die an der US-Ostküste verliehen wird, heißt Remi Award. Es gibt sie ihn Platin, Gold und Silber. Seit 1968 treffen sich jedes Jahr im April in der texanischen Stadt Filmemacher aus aller Welt, um ihre eingereichten Werke vorzuführen. Mancher Preisträger der Vergangenheit ist inzwischen zu einem Hollywoodstar herangereift. George Lucas zum Beispiel, Oliver Stone und Steven Spielberg. Auch der Independent Regie-Star David Lynch hat schon einen Remi Award im Schrank.

„Effigie" – so heißt der Film des Berliner Regisseurs Udo Flohr, zu großen Teilen gedreht im Gutshaus Behren-Lübchin, in dem es um die Serienmörderin Gesche Margarethe Gottfried geht. Mit „Effigie" tingelt Udo Flohr über die Independent Festivals der Welt. Er schafft es sogar bis zu einer Nominierung für den Golden Globe. Die „New York Times" druckt eine wohlwollende Besprechung und der „Hollywood Reporter" ist ganz hin und weg. Aber eine richtige Trophäe kann der Streifen nicht abräumen. Auf dem Houston Filmfest schließlich punktet „Effigie" dann doch: Die Juroren verleihen ihm den Golden Remi Award – aber nicht für die Regie, sondern für das beste Produktionsdesign. Das Toronto International Filmfestival prämiert ebenfalls die Innenausstattung. Zwei Trophäen – mit Blut, Schweiß und Tränen erkämpft, von Knut Splett-Henning und Christina von Ahlefeldt aus dem Gutshaus Rensow, Mecklenburg.

Die sitzen im Frühjahr 2021 in ihrer spätbarocken Gutshausküche. Ein Tee dampft in seiner Kanne. Twinings Lady Grey. Frisch aufgebrüht. Triglaf, die riesige dänische Dogge, hat sich unterm Tisch zusammengerollt und schnarcht. Draußen klatscht der Märzregen an die Fenster. Der Nordkurier berichtet begeistert über die beiden Preisträger aus Rensow, auf facebook gratulieren Freunde und Bekannte.

„Da war ja auch noch die Sache mit der Musik", erzählen sie. „Udo Flohr suchte einen Komponisten, der ihm einen Soundtrack für den Film liefert. Er hatte ein Angebot aus Berlin, ziemlich teuer." Knut und Kristina empfahlen ihm, er solle doch mal in Schwetzin vorbeifahren, einem winzigen Nest in der Nähe von Teterow. „Da wohnt Nic Raine, der Dirigent der Prager Sinfoniker. Der kann dir vielleicht weiterhelfen." Knut und Christina, die beiden Netzwerker, hatten wieder mal den richtigen Riecher und der Komponist Nic Raine nahm mit seinem Orchester die Filmmusik auf. Knut lacht, als er das erzählt, die Augen blitzen. Christina blickt versonnen und amüsiert. Ganz schön was los gewesen damals.

Aber was heißt damals. Bei den Rensowern ist immer viel los. Und die Frage, ob sie so eine Filmproduktion noch einmal ausstatten würden, beantworten beide schnell: „Na klar!"

Eine Stiege und zwei Granaten

Frank Wendt, Gutshaushelfer, und ein zurückgewonnenes Leben

Frank hat es ganz allein geschafft. „Ohne Tabletten", wie er sagt. „Wenn du nicht aufhörst, bin ich weg, und die Kinder nehm ich mit", hat seine Frau ihm noch zugerufen, als er wieder loszog, damals in Gnoien.

Jeden Morgen, wenn der Alkohol den Körper verließ und der Flattermann kam, ist er aus der Wohnung geschlichen. Sein Gang führte ihn dann immer direkt in die Gnoiener Trinkerhölle, in den Suffisumpf am Stadtpark. Wo sie schon um sechs in der Früh standen mit den Kornflaschen auf der Parkbank, den billigen Bierdosen in den wackeligen Händen und den qualmenden Kippen, die in ihren gelbgrauen Bärten steckten. „… 'ne Stiege Pils und zwei Granaten hab' ich weggesoffen", sagt Frank. Jeden Tag. Morgens im Park, dann Nachschub holen im Aldi für den Nachmittag in der eigenen Gartenlaube. Frank Wendt schien verloren.

Seine Trinkerkarriere beginnt, als er bei der LPG „Ernst Thälmann" in Finkenthal angestellt ist, wo sie die Wodkaflaschen hinterm Kartoffeldämpfer verstecken oder im Spind im Umkleideraum. Bei der NVA in Torgelow geht's weiter. Alkohol ist der innere Freigang, der Kurzurlaub. Die verbotenen Früchte sind die süßesten. Aber die fünf Jahre in Gnoien sind schließlich am schlimmsten. Seine drei Brüder haben die Sauferei nicht überlebt, sagt Frank.

Aber er.

Rensow und die Tiere – zurück im Leben

Denn vor 20 Jahren hat er einen Job in Prebberede gefunden. Bei einem Landwirtschaftsbetrieb. Der Umzug in das kleine Dorf zwischen Rensow und Dalwitz hat ihm das Leben gerettet. Er wohnt jetzt in der Nähe des gewaltigen Gutshauses und die Gemeinde verpachtetet ihm ein Stückchen Land gegenüber. „Meine Ranch", sagt Frank stolz und lässt die Zähne blitzen, die er noch behalten hat. Der gelernte Schweinezüchter hat ein Händchen für Tiere. Drei Zwerghasen mümmeln in ihrem Gehege, Perlhühner und Enten watscheln auf dem Rasen, Schafe blöcken, ein kleines dickes Schwein mampft geräuschlos vor sich hin. „Alles Hobby", sagt Frank und steckt sich eine Kippe an. „Ich brauch das. Ich muss immer draußen sein."

Und hier draußen läuft er irgendwann auch einer Nachbarin über den Weg. Und die Nachbarin kennt die etwas exzentrische Gutshausfamilie von Knut Splett-Henning und Christina von Ahlefeldt, der dänischen Gräfin. Und so erfährt er, dass die beiden aus dem Nachbardorf Rensow einen Bauhelfer suchen. Einen, der nichts zu verlieren hat, der mit anpacken kann – und der immer Zeit hat. Also einen wie Frank.

Und so ist Frank Wendt schon seit einigen Jahren auf den Baustellen der beiden Rensower Gutshausretter mit dabei. Er wird abgeholt und wieder nach Hause gebracht. Er bekommt zu essen und zu trinken. Cola – ist klar. Frank ist auf Hartz IV und darf kaum etwas dazuverdienen. Aber seine Hilfe ist trotzdem etwas wert. Und Lohn muss nicht unbedingt Geld sein. Außerdem ist Frank hier unter Menschen. Was einem wie ihm guttun könnte. Aber vielleicht ist ihm das sogar egal, denn am wohlsten ist ihm bei seinem Federvieh und den Lämmern, draußen auf seiner Ranch. Er ist ein wenig scheu. Die Gesprächsthemen der anderen Bauhelfer, den ganzen Großstadtmenschen, müde geworden vom Sausen und Brausen der Metropolen, die auf facebook oder instagram zu den Rensowern gefunden haben, sind ihm fremd. Frank Wendt ist eine zurückgezogene und treue Seele. Er schwingt den Vorschlaghammer im Gutshaus Dahlen und kloppt Ziegelsteine aus einer zugemauerten Fensterlaibung. Er zerrt abgehängte Gipskartondecken aus DDR-Zeiten von ihren Holzlattenkonstruktionen. Er schleppt langsam, aber unermüdlich Eimer voller Schutt nach draußen in den Container. Frank spricht nicht, er stöhnt nicht, er ist einfach nur da und hilft.

Zuhause auf der Ranch in Prebberede krempelt er eine schwere Gummiplane von einem Haufen. „Guck mal", sagt er und der Hauch eines Lächelns zeigt sich auf seinem vom Leben ganz ordentlich gezeichneten Gesicht. Die Brille etwas schief und verschmiert. Der Bart zerzauselt. „Bauholz. Kommt alles aus Dahlen, von den ganzen abgerissenen Zwischenwänden und Decken." Er schlägt

Ob alte dänische Holzfenster provisorisch eingesetzt werden oder Unmengen von Schutt bewegt werden müssen …

… Frank Wendt redet nicht viel, aber packt ordentlich mit an und ist immer „mittenmang".

die Plane wieder zurück und freut sich über die Sachspende: „Einwandfrei. Kann ich immer gebrauchen hier. Ich will noch einen neuen Unterstand bauen", sagt er, „für die Enten."

Zwei Plastikfenster, die in einem anderen Schuppen seinen Hühnern Tageslicht und Ausguck gewähren, stammen ebenfalls aus einem Gutshaus. „Braucht da ja keiner mehr", sagt Frank. „Aber die sind noch top in Ordnung." Letztens fand er in einem Schuppen des Gutshauses Gehren, einem neuen Projekt von Knut und Christina, einen Außenspiegel für den DDR-Traktor ZT 300. Originalverpackt. „Der bringt bestimmt fünfzig Euro bei ebay", freut sich Frank und trippelt in seinem etwas staksigen Gang, Spätfolge der Sucht, über seine Ranch.

Fatima und Sternchen

Ganz links hinten auf seiner Fläche, in einer kleinen Koppel, trabt ein zotteliges Pferdchen, rost-

Unzertrennlich: Frank und Kleinpferd Fatima auf seiner kleinen „Ranch" in Prebberede.

braun mit weißen Fesseln und etwas gescheckt im Fell. „Das ist Fatima“, murmelt Frank in seinen Bart. „Die hab’ ich großgezogen.“ Fatima ist jetzt vier Jahre alt und ihre Mutter hieß Sternchen.

Eines Tages, als Frank von seinen allerersten Gutshauseinsätzen wieder nach Hause kommt, als er hier draußen in Prebberede abgesetzt wird von Knut und Christina, auf seiner Ranch, nach einem langen Tag im Lehmstaub und Ruinengeruch, dem Gewusel mit den vielen fremden Menschen, läuft er gleich nach ganz hinten durch, auf die Weide, wo seine Stute Sternchen steht mit ihrem blutjungen Fohlen. Er hatte das Rufen schon oben von der Straße gehört, als er aussteigt aus Knuts weißem, zerbeultem Mercedes-Transporter.

Das Zwergpferdfohlen flehmt, zeigt die langen jungen Zähne und schreit und wimmert. Seine Mutter liegt auf der Seite und ist gerade dabei zu sterben. „Einfach umgefallen“, sagt Frank. „Sie hatte wohl eine Kolik.“ Und dann hat er das Fohlen selbst großgezogen. So wie er selbst einmal aufwuchs. Als Frühgeburt. Erst im Brutkasten der Kinderklinik Rostock. Und dann bei der Oma.

Frank ruft das schwarze Pferdchen und füllt einen Eimer mit Gerstenschrot. Fatima zögert und wirft den Kopf. Aber dann kommt sie vorsichtig zum Futter.

Prominente der Vergangenheit I

Sommerfeld oder Ein Mordfall im Mittelalter

Der Seenebel ist zum Schneiden dick. Die ganze Insel Rügen ist eingehüllt davon, an diesem 1. November 1409. Über den Kirchhof der rügenschen Stadt Bergen streicht ein in edle Kaufmannskleider gewandeter Mann. Es ist der Stralsunder Bürgermeister Wulf Wulflam, der etwas zu suchen scheint. Eine Gestalt nähert sich leise. Sie hält etwas Langes, Schweres in den Händen. Was, ist kaum zu erkennen. Ein Ast knackt. Wulf Wulflam dreht sich um und sieht sich einem wutverzerrten Gesicht gegenüber. Ein Schlag. Ein zweiter. Ein dritter. Das ist das Ende des Bürgermeisters Wulf Wulflam, Sohn des berühmten Bertram Wulflam, ebenfalls einst Bürgermeister Stralsunds und Erbauer des sogenannten Wulflam-Hauses gleich gegenüber vom Rathaus der Hansestadt. Wulf Wulflam liegt blutend am Boden des Kirchhofes zu Bergen, die Augen verdreht, der Schädel zertrümmert. Ein Racheakt. Wulf ist zu weit gegangen in seinem Wahn, der Wichtigste weit und breit zu sein

Die Wulflams waren schon früher selbstherrliche Männer, mit Hang zu Protz und Ausschweifungen, aber auch fähige Netzwerker. Und Wulf war seit 1397 nicht nur der erste Mann in Stralsund, sondern neben dem Lübecker Bürgermeister Heinrich Westhoff auch einer der fähigsten Köpfe der Hanse. Bei den großen Verhandlungen dieser Zeit vertrat er die Interessen Stralsunds und wohl auch seine eigenen recht geschickt. Wie sein Vater fühlte er sich magisch von der großen Politik angezogen. Er verkehrte mit Königen, Königinnen und Fürsten aller Art und verstand sich auch mit dem pommerschen Herzogshaus aufs Beste.

„Wulflam und die Seinen lebten aber in der Zeit allgemeiner Bosheit: Rauben, Morden, Brennen, Todtschlagen, Köpfen, Rädern u.s.w. war ja an der Tagesordnung; Aufruhr, Verbannung, Mißtrauen, Verläumdung herrschten allenthalben“, weiß der Chronist Andreas Theodor Kruse zu berichten, niedergelegt in seiner Schrift „Einige Bruchstücke aus der Geschichte der Stadt Stralsund“. Erschienen 1846.

Am Tag vor Fastnacht zum Beispiel, dem 2. März 1405, wurde der Rügensche Ritter Starke Suhm, als er mit seinem Sohn Thorkel von Stralsund nach Rügen mithilfe der alten Fähre übersetzen wollte, von Mitfahrenden überfallen und ermordet. Sein Sohn verdankte seine Rettung nur dem Fährmann, der durch einen falschen Eid beteuerte, dass dies nicht der Nachkomme des Starke Suhm sei. Schnell waren sich die Getreuen des adligen Suhm einig, dass Wulf Wulflam den Mord in Auftrag gegeben haben musste. Als man den Leichnam vor das Bürgermeisterhaus legte, soll dieser aus dem Saal gerufen haben: „Schafft mir das Beest fort!"

Erst an jenem 1. November 1409 bietet sich auf dem Kirchhof zu Bergen endlich die Gelegenheit für Thorkel Suhm, seinen Vater zu rächen. Einer der wichtigsten Männer der Hanse liegt nun da, auf dem Kirchhof zu Bergen.

Ein sicherer Ort – ein festes Gut

Wenn die beiden hoch aufgeschossenen Fichten nicht wären, könnte der aufmerksame Betrachter, der sich aus einem Fenster im Obergeschoss des Herrenhauses Sommerfeld lehnt, den Turm der Stralsunder Marienkirche sehen. Sie war seinerzeit das höchste Gebäude der Welt. Die Vorahnung, dass der Erbauer des Hauses in einer engen Verbindung mit der Hansestadt gestanden haben könnte, beschleicht Knut Splett-Henning schon beim ersten Mal, als er hier oben die zugenagelten Fensterlöcher aufbricht und nach Süden schaut. Es ist dieser prominente Blick nach Stralsund – bis zur Kirche. Und die Abgeschiedenheit, der Abstand zur Hansestadt, die Sommerfeld trotz allem hat. Ein sicherer Ort.

Kurze Zeit später, die ersten Aufräumeinsätze sind im Haus im Gange, entdecken Christina und Knut in einer Wandnische des alten Saales die Reste einer uralten Ledertapete. Nur schmale Ränder sind noch erhalten. Die wertvolle historische Wandbespannung wurde auf grobe Art und Weise herausgeschnitten. Knut frohlockt: „Vielleicht haben die napoleonischen Truppen, die hier im Mai 1809 durchgezogen sind, die Ledertapete mitgenommen. Das wäre ja auch mal was. Oder es waren die Soldaten des russischen Zaren."

Wann es und vor allem was genau passierte, wird wohl im Dunkel der Vergangenheit verbor-

Allein schon die Sichtachse zum Turm der Marienkirche lässt die Frage aufkommen: Ist Sommerfeld der Landsitz eines sehr wohlhabenden und mächtigen Stralsunders gewesen?

Sichtachsen schaffen, nicht nur innen, sondern auch draußen: Als die Fichten gefallen sind, ist der Blick wieder frei von Haus Sommerfeld bis zur Marienkirche von Stralsund.

gen bleiben. Im Dämmerlicht des nur spärlich durch einzelne Lichtstrahlen illuminierten Dachstuhles finden Knut und Christina allerdings etwas später ein zusammengerolltes staubiges Bündel. Es ist das handtuchgroße Stück einer Ledertapete. Aufwendig verziert und mit Ornamenten aus Blattgold belegt. Eingewickelt in einen alten Zuckersack. Ein Paukenschlag. Aber der dröhnende Hieb aufs Trommelfell verhallt ohne weitere Wirkung.

Die Baustelle Sommerfeld muss kurz danach wieder eine ganze Weile ruhen, andere Projekte fordern das Rensower Gutshausretterpaar zunächst viel mehr. Aus der Weile werden Wochen, Monate und Jahre. Über die ganze Sache mit der Ledertapete wächst Gras. Und nicht nur Gras. Efeutriebe kriechen unaufhaltsam an den Außenmauern empor. Dünne Stämmchen von Bergahorn schießen rundherum auf. Birken keimen, Brombeeren wuchern.

Das uralte Gutshaus droht wieder zu einem Dornröschenschloss zu werden. Denn Knut und Christina haben einen Job angenommen, der sie um Schlaf und Fassung bringt. Sie statten eine Spielfilmproduktion mit Requisiten, Location und Expertise aus. Das Projekt bringt sie an den Rand der Verzweiflung.

Der Tapetenkenner kommt

Aber das Leben geht weiter. Und das Benzin in der Kettensäge hat der Gartenbauarbeiter frisch eingefüllt. Die Zündkerze ist sauber, der Funke springt sofort und die Säge knattert los wie ein Moped ohne Auspuff durch eine italienische Kleinstadt. Arbeitseinsatz in Sommerfeld. „Wir müssen mal wieder das Haus freischneiden“, mahnt Knut. „Licht und Luft fehlen dem Gebäude. Es ist doch verrückt, wie schnell das alles wieder zuwächst.“ Freiwillige helfen. Philipp Kaszay aus Kobrow ist mit dabei. Eine Gartenbaufirma spendiert einen großen Häcksler für Grünzeug und Baumschnitt. Auf der Südseite des Hauses gleitet die keckernde Kettensäge durch zwei, drei dicke Fichtenstämme wie durch Butter. Die Bäume sinken erstaunlich leise zu Boden. Die Fassade von Haus Sommerfeld wird wieder sichtbar.

Knut Splett-Henning und Christina von Ahlefeldt streichen um das Gemäuer. Sie diskutieren Fenstergrößen, Fensteraufteilung und rätseln über die unverhältnismäßig hohe Giebelwand. Sommerfeld muss etwas Besonderes sein! Die beiden haben einen sicheren Instinkt entwickelt für die Epochen der Baukultur und deren Erkennungsmerkmale. Und Knut hat das Talent, durch stilles und lautes Nachdenken Dinge zu bewegen, wenn nicht sogar zu erzeugen. Und Leute für diese Dinge zu gewinnen. Vielleicht fühlt er sich auch deshalb zur Politik hingezogen. Schon als junger Mann hat er im ersten gesamtdeutschen Wahlkampf mitgearbeitet – und bei seinen Einsätzen im damaligen Bezirk Rostock viele Gutshäuser und Gutsdörfer gesehen.

Jetzt, über 30 Jahre später, sind Knut und Christina die Anführer einer Truppe von beherzten Gutshausrettern und mittendrin in vielen Projekten. Sommerfeld liegt ihnen besonders am Herzen. „Die gesamte Konstruktion, und wie das ganze Haus konzipiert ist, und auch die ganze Aufteilung der Fassade, die unterscheidet

Durch die Jahrhunderte mehrfach um- und angebaut – dann stand es fast 30 Jahre leer: Das geschichtsträchtige Herrenhaus von Sommerfeld war eingewachsen wie ein Dornröschenschloss.

sich komplett von anderen spätmittelalterlichen Häusern oder auch den Gutshäusern der Renaissance", sagt Knut Splett-Henning. Die Giebelwand von Haus Sommerfeld steht steil und schmal im Nachmittagslicht. „Das ist doch eigentlich eine richtig typische Stadtfassade", stellt er fest. „Und der Kreis der Personen, die sich so etwas leisten konnten vor 500, 600 Jahren, der war wirklich nicht sehr groß hier draußen auf dem Land."

Die beiden ziehen Gunnar Möller aus Stralsund zurate. Einen Experten für historische Häuser und ausgewiesenen Tapetenkenner. Die Denkmalbehörde der Stadt Stralsund pflegt eine einzigartige Sammlung von Tapetenmustern und -fragmenten, die bei Sanierungsarbeiten in alten Häusern gefunden wurden, und bewahrt sie, konserviert und präpariert von einem Restaurator, in großformatigen, aufwendigen Tapetenbüchern auf. Geordnet nach Fundort, Herkunft, Epoche oder Motiv.

Und jetzt bahnt sich Gunnar Möller, ein großer Mann mit Hut, Bart und Mantel, seinen Weg durch das emsige Freiwilligenvolk, das sich in Sommerfeld tummelt und arbeitet. Oben im Saal rollen Knut und Christina stolz ihren Fund aus. Die Tapete aus Leder!

Der Experte ist bedeindruckt: „Sogar mit Gold bemalt. Das ist schon etwas, das damals sehr, sehr teuer gewesen ist." Die Umstehenden hängen an seinen Lippen. „Dann sind wir natürlich in einer Zeit, die hochspannend ist. Denn das verbinden wir mit einer Stralsunder Familie, dessen Ober-

Tapetenkenner zu Besuch: Gunnar Möller aus Stralsund begutachtet den Fund in Sommerfeld. Bei den Bauarbeiten sind auch Scherben von alten Ofenkacheln aufgetaucht.

Aufwändig bemalte, mit Gold verzierte Tapeten aus Leder konnten sich damals nur die ganz reichen Leute leisten.

haupt im gesamten Hanseraum und auch darüber hinaus als lieber Freund der Königin Margarete bezeichnet wurde: Wulf Wulflam. Eine sehr schillernde Persönlichkeit und wohl ein typischer Machtmensch seiner Zeit."

Knut und Christina halten den Atem an. Dass es möglicherweise ein reicher Stralsunder Kaufmann war, der sich in Sommerfeld ein großes Bürgerhaus errichten ließ, hatten sie schon vermutet. Aber der berühmte Wulflam!

Gunnar Möller betastet die Tapete behutsam, dreht eine Ecke vorsichtig um. Er sucht nach einer Jahreszahl, einer Signatur vielleicht. Irgendeinem Indiz. Aber es ist nicht nur das goldbemalte Stück Leder, es ist auch die Struktur und Lage des Hauses Sommerfeld, das ihn zu seiner Schlussfolgerung kommen lässt:

„Das Haus sollte nach außen Macht und Reputation vermitteln und nach innen natürlich auch. Er zeigte damit, dass der Besitzer sich hier sicher fühlte. Und wahrscheinlich – wir wissen es nicht mit Sicherheit – können wir es wirklich mit dem berühmten Wulf Wulflam in Verbindung bringen.

Ein Einzelgänger mit Hang zum Holz

Stephan Linde und seine Liebe zu Gebäuden mit Geschichte

Der Mann sieht ein bisschen aus wie Jesus und sagt: „950 Jahre vor Christus". Sein Finger zeigt auf die Mitte einer schwarzen, polierten Scheibe. „Da fing dieser Baum zu wachsen an." Seine Hand fährt über die feinen Strukturen auf dem Material. Jahresringe sind zu erkennen. Ganz fein und dicht nebeneinander. Die Scheibe ist steinhart. Der Rand ausgefranst, unregelmäßig. Der Querschnitt eines Baumstammes. „Mooreiche", sagt Jesus, der natürlich nicht der Heiland persönlich ist, sondern Zimmermann von Beruf und Stephan Linde heißt. Ein Naturfreund. Und Pferdeflüsterer. Und Baumversteher. Ein Holzverliebter. Auf keinen Fall nur ein normaler Handwerker.

Die Scheibe hat er aus einer Mooreiche geschnitten, die vor einigen Jahren auf einer Baustelle in der Nähe von Wismar auftauchte. „Das erlebt man nicht so oft", schwärmt er. „Fast 3000 Jahre alt." Ein dendrochronologisches Gutachten beweist das biblische Alter dieses Baumes, der schon lange vor Christus umsank und sein Grab in einem eiszeitlichen Sumpf fand. Luftdicht, kalt und dunkel. Bis es plötzlich hell wurde, weil ein mecklenburger Baggerfahrer ein paar tausend Jahre später Gräben für ein Entwässerungsrohr ziehen sollte. Und Stephan Linde zufällig vorbeikam. „Der Baumstamm war ganz weich und schwammig", erinnert er sich. „Sie haben ihn mir geschenkt." Stephan hat ihn abgeholt und langsam trocknen lassen, das Holz wurde dabei immer fester. Jetzt glänzt es wie polierter schwarzer Stein. Und eine Scheibe davon hängt an der Wand in einem sehr großen und trotzdem gemütlichen Wohnzimmer unterm Dach des Hauses, das er und seine Freundin Ina bewohnen.

Stephan Linde ist Spezialist für Kirchenbau, er saniert gewaltige Dachkonstruktionen, Turmhelme oder Glockengestühle. Inzwischen ist er aber auch immer mal auf den Baustellen der Gutshausretter unterwegs. Es ist das schiere Alter dieser Gebäude, das ihn magisch anzieht. „Die stehen ja häufig auf Grundmauern und Kellern, die aus dem Mittelalter stammen. Wurden oft umgebaut. Da stecken so viele Geschichten drin, das interessiert mich einfach."

Und auch jeder einzelne Holzbalken hat eine Geschichte zu erzählen. Die ist in seinen Jahresringen niedergeschrieben. Stephan besitzt ein Dendro-Besteck, mit dem er Kernbohrungen entnehmen kann, die er dann zu einem befreundeten Dendrochronologen schickt. Die daumengroßen Löcher von Stephans Hohlbohrer finden sich mittlerweile auch in den Gutshäusern von Gehren und Dahlen.

Durch dieses fortwährende Interesse an alten Bauten kam Stephan irgendwann mit Knut Splett-Henning in Kontakt. Es war ein Besuch im Gutshaus Sommerfeld. Ein Tag der offenen Tür irgendwann im Sommer, Knut und Christina hatten die Amlage gerade gekauft. Den beiden fiel der bärtige Mann in der Zimmermannskluft sofort auf. Und Stephan sagte zu ihnen: „Das Haus interessiert mich. Das ist was Besonderes. Wenn es hier mal was zu tun gibt – ruf mich an. Ich wohne ganz in der Nähe, in Duvendiek!"

Unten im Haus stehen die Pferde. Draußen rufen die Kraniche ihr kehliges, schrilles Signal. Der alte Kuhstall, den sich Stephan Linde und seine Freundin ausgebaut haben, gehört zur einstigen Gutsanlage von Duvendiek in Vorpommern. Vom Gutshaus sind nur noch ein paar Steine und Balken übrig. Der Gutspark ist aber nach wie vor zu erkennen: kleine Anhöhe in der Landschaft, eine riesige Platane mit gewaltigen, weit ausladenden Ästen als Solitär in der Mitte, ein Stück weiter eine genauso beeindruckende Kastanie. Wer es will, kann den alten Park erahnen, der jetzt – überwuchert mit Eschen und Weiden – wie ein kleines Wäldchen wirkt. Stephans Blick geht durch die großen Dachfenster in die Ferne. „Auf keinen Fall

Stephan Linde bugsiert mit wenigen Hilfsmitteln und altem Zimmermannswissen auch zentnerschwere Eichenbalken präzise an ihren Platz.

Nachbarn, danach haben wir gesucht." Er brauche die Weite, sagt er. Der Blick müsse in die Ferne gehen können. In die Totale – würde ein Kameramann sagen. „Diese Aussicht in die Weite hat mir damals am meisten gefehlt." Damals in der DDR. In Cottbus. Im Knast.

Stasi-Verhör im „Lindenhotel"

Es ist jugendlicher Leichtsinn, Überdruss und Verzweiflung. Die Mutter bleibt schon 1986 im Westen. Bei einem genehmigten Verwandtenbesuch. Freunde von Stephan versuchen 1988 von seinem Heimatort Kleinmachnow aus zu fliehen. Kleinmachnow liegt direkt an der Grenze zu West-Berlin. Und die ist bestens bewacht vom NVA Grenzregiment 42 „Fritz Perlitz". Die Freunde werden sofort geschnappt.

Aber seitdem gibt es für den 20-jährigen Stephan Linde und seinen älteren Bruder Frank ständig Vorladungen von der Staatssicherheit zum Verhör in die Potsdamer Otto-Nuschke-Straße. Ins „Lindenhotel", wie die Außenstelle des MfS im Volksmund genannt wird. Denn die Nuschke-Straße war noch bis 1952 die Lindenstraße (und wird auch bald erneut so heißen). Immer wieder müssen sie antanzen, obwohl sie selbst noch gar nichts gemacht haben.

Anfang 1989 wollen sie dann wirklich weg aus dieser ganzen bedrückenden Situation. Wollen abhauen. Ein aufblasbares DDR-Faltboot vom Typ Delphin, das sie in einem Potsdamer Kaufhaus ergattern, scheint die Lösung zu sein. Zusätzlich ausgerüstet mit Kompass, Fernglas, etwas Proviant, den wichtigsten Papieren und einem (!) Neoprenanzug machen sich die beiden Brüder im Januar auf den Weg zur Insel Poel. Am Nordstrand im Schwarzen Busch verstecken sie sich und warten ab. Nieselregen, Wind aus Ost, schlechte Sicht, es ist „arschkalt". Die beiden in ihrem Versteck denken, das niemand von den Grenzern bei solchem Wetter mit einem Fluchtversuch rechnen wird. Sie harren aus in der Dunkelheit, hoffen auf günstigere Windverhältnisse. Aber plötzlich hört der Regen auf, die Sicht wird immer besser. Kilometerweit kann man wieder auf die Ostsee hinausschauen. Bis zum Horizont. Der sonst beruhigende Blick hinaus aufs Meer bedeutet für die beiden jetzt genau das Gegenteil: Verdruss, Verzweiflung, Abbruch. Die Brüder packen enttäuscht den nagelneuen „Delphin" zusammen und mischen sich mit ihren riesigen Faltbootrucksäcken unter einige Spaziergänger am Strand. Sie wollen unauffällig verschwinden.

Keine Viertelstunde später hocken sie auf der Ladefläche eines Robur LO der NVA-Grenztruppen. Festgenommen, frierend und frustriert. Ein Jahr und sechs Monate Haft wegen versuchten illegalen Grenzübertritts, spricht der DDR-Richter in Potsdam.

Und mit der Sicht in die Ferne ist es in der Justizvollzugseinrichtung Cottbus auch vorbei. Kein Blick, keine Weite, das ist das Schlimmste. Nach höchstens vier Metern die nächste Wand.

Frank, der gelernte Bootsbauer, kommt sofort in die Gefängnistischlerei, der beliebteste Job im Knast. Da will Stephan auch hin. Aber er wird in die Metallwerkstatt gesteckt. Feinmechanik für den Kamerahersteller Praktika. Teile stanzen. Wer die Norm erfüllt, bekommt Vergünstigungen und Gutscheine. Stephan sagt dem Aufsichtspersonal, „genau deswegen ist mir eure Norm scheißegal". Er, der nach der Schule eigentlich Tischler werden wollte wie sein Bruder, der aber nicht genommen wurde, als er sich bewarb in der Kulissentischlerei der Babelsberger DEFA Studios. „Ich war immer schon ein Einzelgänger, ein Querulant und Gegenredner." So wurde er Zimmermann. Und Eremit. Und „politischer" Häftling: „Für Euch erfülle ich gar nichts!"

Nach neun Monaten Haft in Cottbus geht in Berlin die Grenze auf. „Unverzüglich, sofort", sagt

Günter Schabowski auf seiner bald berühmten Pressekonferenz.

Der 21-jährige Stephan Linde versteht die Welt nicht mehr. Die gleichen Leute, die ihn vor knapp einem Jahr wegen Republikflucht verhaftet haben, laufen jetzt wahrscheinlich auf dem West-Berliner Kurfürstendamm herum und knabbern gebrannte Mandeln vom West-Weihnachtsmarkt. Eine Woche später werden die beiden Brüder aus dem Knast in Cottbus entlassen. Generalamnestie für alle „politischen Häftlinge" in der DDR. Sie wollen jetzt nur noch raus, raus, raus. Aus allem. Stephan lässt sich unverzüglich, sofort, ausbürgern aus dem Arbeiter- und Bauernstaat. Er gelangt über West-Berlin ins Notaufnahmelager Gießen. Canada bietet an, ein Kontingent an Ostdeutschen aufzunehmen, Stephan und sein Bruder können sich für das Einwanderungsprogramm bewerben, eine einmalige Chance. Aber noch ist Stephan nicht so weit. Er zieht in den Ruhrpott. Nach Velbert. In die Nähe seiner Mutter.

Down Under Mecklenburg

Vier Jahre später soll es nach Australien gehen. „Back to the roots", sagt Stephan. "Aber richtig." Auswandern. Bei den Aborigines leben, die ihn seit einer ersten Australienreise faszinieren. Vielleicht sogar ohne eigenes Haus. Als Nomade im Outback. In diesen endlosen, menschenleeren Landschaften. Frei wie ein Vogel! Eigentum verpflichtet zu sehr. Es fühlt sich an wie angekettet zu sein.

Seine damalige Frau und er verkaufen alles, was sie haben. Kündigen ihre Wohnung. Der Plan steht. Um die Reisekasse aufzufüllen, will Stephan nur noch einen letzten lukrativen Job mitnehmen, als Messebauer bei der CEBIT in Hannover. Dann soll es losgehen. Raus aus dem überbevölkerten Deutschland. Als er gerade am Stand von SAP die Zwischenwände stellt, wird er zu seinem Chef gerufen. Der schleppt seit einigen Wochen ein aktenkoffergroßes Gerät mit sich herum. Ein Mobiltelefon von Motorola. C-Netz. Viereinhalb Kilo schwer und damals der letzte Schrei. Wichtigkeitsverstärker heißen die Dinger zu dieser Zeit. Und jetzt hat der Wichtigkeitsverstärker geklingelt. Stephans Frau ist dran, mit wichtigen Neuigkeiten. Beziehungsweise dramatischen. Sie ist schwanger, hat gerade den Test gemacht. Die Welt steht kurz still. Beide wollten kein Kind. Aber sie nehmen das Schicksal an. „Ich ordne mich immer in den Strom der Ereignisse ein", sagt Stephan. „Die Dinge passieren, und ich mache das Beste draus. So geht mein Leben." Australien muss warten.

Aber Stephan sucht trotzdem die Weite, den Blick in die Ferne, für einen Neuanfang. Die junge Familie zieht in das deutsche Down Under – in das dünn besiedelte Mecklenburg. In Tarnow bei Bützow finden sie ein großes Grundstück mit Haus, abseits vom Dorf. „Keine Nachbarn" war das wichtigste Suchkriterium. Stephan findet seinen lebensnotwendigen Weitblick wieder – über Wiesen und Flusstäler.

Und in den mecklenburgischen Kirchgemeinden laufen Sanierungsprogramme für marode Gotteshäuser an. Für ihn, den Zimmermann, gibt es hier Arbeit in Hülle und Fülle. Meistens allein, klettert er fortan durch jahrhundertealte Kirchendächer und repariert das Gebälk. Mit den Revierförstern streift er durch die Wälder der Gegend und sucht Eichen aus, die für neue Balken geschlagen werden. Er kennt jeden Baum persönlich, den er sägen lässt und später in das Dachgestühl dicker mecklenburger Backsteinkirchen hievt. Da oben überm Gewölbe der mächtigen Kirchenschiffe taucht er in die Geschichte ein. Er sieht die uralten Abbundzeichen seiner längst zu Staub gewordenen Kollegen, die einst die mächtigen Dächer aufrichteten. Er schlägt Wurzeln in Mecklenburg. Als wäre er selbst ein Baum.

Kreissäge, Flaschenzug und elektrische Winde helfen dem Vollblutzimmermann bei der Arbeit. Stephan Linde liebt seinen Job in alten Häusern. „Ich bin die Arbeit“ ist sein Motto.

Pferde haben keine bösen Gedanken

„Ich rede ja nicht so viel", sagt Stephan. „Vielleicht hat es daran gelegen." Eines Tages, es muss im Sommer 2006 gewesen sein, hilft er seiner Frau beim Ausmisten des Pferdestalles. Sie hat in Mecklenburg das Reiten für sich entdeckt. Stephan kann damit nichts anfangen, aber er ist gern mal mit dabei. Auf dem Reiterhof fristet eine Stute, die als unreitbar gilt, ihr Gnadenbrot. „Astana" – ein Psychopferd. Eines Tages lehnt Stephan am Koppelzaun und hat seinen Blick wieder auf unendlich gestellt. Die Weite! Er bemerkt das Pferd erst gar nicht. „Astana" steht plötzlich bei ihm. Sie nimmt einfach so Kontakt auf. Stephan empfindet es als „magisch", wie sie mit ihm kommuniziert. Astana weicht ihm einige Zeit nicht von der Seite. Stephan ist gerührt, berührt, begeistert. Mit 38 Jahren fängt er mit dem Reiten an – auf „Astana". Die Stute ist geduldig mit dem Anfänger, zeigt dem Mann auf ihrem Rücken, „dass ich es lernen kann." Pferd und Zimmermann werden eins. Stephan lernt schnell. Ein paar Jahre später ist er Deutscher Meister im ExtremeTrail-Reiten, einmal, zweimal, dreimal. Immer mit „Astana". Die drei Trophäen und noch viele andere mehr hängen an einer Mauer im Haus neben dem Stall. Die Wand dahinter ist kaum noch zu sehen.

Wegen der Reiterei und den Pferden ist ihm die eigene Zeit so wichtig geworden. Als freischaffender Zimmermann arbeitet er seitdem nach Möglichkeit nur noch von Montag bis Donnerstag. Der Rest der Woche gehört ihm und den Tieren. Von denen hat er viel gelernt. „Pferde haben keine bösen Gedanken. Niemals! Wenn man das begriffen hat, ist der Umgang mit ihnen schon mal viel einfacher." Stephan seufzt. Sein langer Jesus-Bart ist dunkelbraun, einzelne hellgraue Haare mittendrin, an der Spitze wirkt er fast lockig und leicht rötlich. „Und wenn man diese Erkenntnis auf Menschen überträgt, dann hat man die Chance, in seinem Leben viel toleranter zu werden." Stephan spricht wie ein bekennender Christ. Möglicherweise fällt ihm Nächstenliebe leicht, weil er keine Nachbarn hat. „Vielleicht", sagt seine Freundin Ina, „haben die Grenzsoldaten damals auf der Insel Poel deinem Bruder und Dir das Leben gerettet. Weil sie euch erwischt haben, bevor ihr in der winterkalten Ostsee ertrinken oder erfrieren konntet." Stephan nickt. Die hellen Perlmuttknöpfe an seiner Zimmermannshose glänzen. Schwarz und weiß. Gut und böse. Im Ohrläppchen trägt er einen kleinen runden Stecker. Ying und yang. Der ewige Kreislauf der Gegensätze, der uns durchs Leben trägt.

Hundert Eichen für Bützow

Nächstenliebe hin und her. Stephan arbeitet trotzdem am liebsten allein. Er hat sich Hebezeuge zugelegt. Elektrische Winden, Spannseile, Anschlagsgurte, die Tonnen tragen können. Damit es auch solo geht. Arbeitet er an einem Auftrag, sinkt er hinein wie ein Apnoetaucher in die Tiefe des Meeres. Geld spielt erst einmal nur eine kleine Rolle, das Wort Feierabend ist ihm dann fremd. „Ich bin die Arbeit", sagt er. Totale Hingabe an sein Handwerk. Bis auf einige technische Hilfsmittel handwerkt ein Zimmermann heute noch genauso wie vor ein paar hundert Jahren. Stephan erkennt die Arbeit seiner verblichenen Kollegen, wenn er in den Gestühlen alter Dächer wirkt, er spürt der Geistigkeit ihres Handelns nach. Er sieht die Zeichen, staunt über Lösungen und versucht die Geschichten dahinter zu verstehen.

„Zum Beispiel bei der Sanierung der Bützower Stiftskirche. Die hat eines der größten Hallendächer in Norddeutschland." Stephan gerät ins Schwärmen. „Da drinnen steht ein ganzer Wald." Die originale Dachkonstruktion aus dem 14. Jahrhundert ist kaum noch zu erkennen, immer wieder wurde repariert, aufgeständert, ausgesteift. Das Innere des Daches sieht aus wie ein Mikadospiel.

Der Experte für Holzbalkensanierungen bei der Reparatur einer Kirchturmspitze.

In dieser Orgie aus Streben, Ständern, Steigen und Kopfbändern klettert Stephan wochenlang herum und repariert, will Lösungen finden, die seinen historischen Kollegen vielleicht auch gefallen hätten. 100 Eichen holt der Zimmermann zusammen mit den Revierförstern aus den Wäldern rund um Bützow. Aus dem Trechower Holz, aus dem Wald von Prüzen und dem von Woserin. „Am liebsten totgestandene Eichen", sagt er. „Die verdrehen sich nicht mehr, wenn sie zu Balken geschnitten sind." 2012 ist das Dach der Stiftskirche St. Maria, St.Johannes und St. Elisabeth zu Bützow fertig saniert. Stephan hat fünf Jahre lang hier oben gearbeitet und in seinem Handwerk gelebt.

Der Sturm

Am 5. Mai 2015 hat sich über den britischen Inseln das Tiefdruckgebiet Zoran zusammengebraut. In einer riesigen Spirale, die sich gegen den Uhrzeigersinn dreht, saugt Zoran warme Luft aus

Nordafrika und dem Mittelmeer nach Deutschland. Die Temperaturen an diesem Maitag steigen immer weiter – selbst im Norden fast bis 30 Grad. Die Bützower stöhnen wegen der plötzlichen Schwüle. Vor der warmen, extrem feuchten Luft zieht allerdings auch eine Kaltfront von den Niederlanden her ostwärts über Norddeutschland hinweg. Das warme Tief jedoch ist schneller. An der Luftmassengrenze brechen schwere Gewitter aus. Es schüttet wie aus Eimern und hagelt Tischtennisbälle. Die Böen haben Orkanstärke. Über Mecklenburg-Vorpommern ist es am schlimmsten. Aus den Gewittern lösen sich sechs Tornados. Der stärkste von ihnen nimmt am frühen Abend des 5. Mai Kurs auf Bützow.

Stephan wohnt nicht mehr in der Nähe. Seine Frau hat ihn inzwischen verlassen. Er ist zu Freundin Ina nach Duvendiek in Vorpommern gezogen. Hier kommt von dem schlechten Wetter kaum etwas an. Nur der Reitplatz hinterm Haus ist völlig aufgeweicht von dem starken Regen.

Das Inferno in Bützow dauert fünf Minuten. Von Viertel vor sieben bis zehn vor sieben rast der Tornado der Stufe F3T6 mitten durch die Stadt. Es heißt in den Nachrichten: fast 300 Kilometer pro Stunde Windgeschwindigkeit. Die Schneise der Zerstörung ist 600 Meter breit. Die Stiftskirche steht mittendrin. Ihre Dachziegel fliegen wie Pfeile durch die engen Straßen der Stadt und bleiben im Styropor der wärmegedämmten Fassaden stecken. 30 Bützower werden verletzt, 16 Stadthäuser anschließend für unbewohnbar erklärt, Dutzende Bäume entwurzelt und geknickt. „Aber der Dachstuhl der Kirche“, grinst Stephan, „die Holzkonstruktion, hat alles gut überstanden.“

„Ich bin die Arbeit“

Fünf Jahre später klettert Stephan Linde im Gutshaus Sommerfeld durch eine zusammengebrochene Geschossdecke. Seine Auftraggeber sind Christina von Ahlefeldt und Knut Splett-Henning aus Rensow. Das alte Schlösschen in Sommerfeld ist ihr neues Herzensprojekt. Barock im Kern, mehrfach umgebaut, seit 1986 im Leerstand. Wasserschäden in der Holzkonstruktion. Viel ist verfault. Linde soll lindern.

Draußen liegen 30er-Kiefernbalken, vier Meter lang, auf dem Hänger. Auf der Motorhaube seines ausgeblichenen orangefarbenen Mercedes 211 Transporter steht „Zimmer Linde“ geschrieben. In seinem Innern lagern Kreissäge, Kettensäge, Stromaggregat, elektrische Winden, Bohrer, Fräsen, ausklappbare Werkbank, diverse Zwingen und eine Espressomaschine mit Mühle, Kocher, Presse. Der Werkstattwagen als Ort zum Leben. „Ich bin die Arbeit“, hat Stephan gesagt. Und er liebt alte Häuser. In Sommerfeld bei Stralsund, keine 15 Kilometer von seinem Wohnort Duvendiek entfernt, richtet er schräg herabhängende Deckenbalken wieder in die Waagerechte. Er schneidet ihre verfaulten Köpfe ab und blattet frischgesägtes neues Holz kunstgerecht an. Stephan arbeitet bedächtig, konzentriert. Er ist ganz bei sich. „Ich bin die Arbeit.“ Am Abend liegen drei Balken wieder da, wo ihre verfaulten Vorgänger vor über 400 Jahren eingefügt wurden. Stephan Linde wischt sich den Baustaub aus seinem langen Bart: „Ich freue mich immer, wenn es alles passt und gut aussieht. Damit ist mein Tag dann immer gerettet.“

Der Herr der Ringe

Karl-Uwe Heussner, die Zeit und Überraschungen für die Gutshausretter

Dass in den Gutshauskellern die Weinfässer platzen und ihr wertvoller Inhalt sich auf den Boden ergießt, ist noch nicht das Ende vom Lied. Auch das gefrierende Bier sprengt seine Behälter und läuft aus. In den Forellenteichen hat das dicke Eis die Fische längst lebendig begraben. Und durch die Wälder hallen Geräusche, die wie trockene Schüsse klingen. Aber bei diesem Wetter schleicht kein Jägersmann mit seiner Büchse durch die Landschaft.

Minus 30 Grad. Kein Schnee. Kahlfrost nennen die Bauern das. Es ist wie der Vorhof zur Hölle. Die Vögel fallen tot vom Himmel. Das Wild liegt erfroren in seinem Versteck. Und es sind die Bäume, die knallen. Der Frost, der schon seit Oktober anhält, ist immer garstiger geworden. Und jetzt sprengt es Eichen, Buchen und Eschen auseinander. Sie verlieren mit einem lauten Krachen ihre Rinde.

Der Winter 1739/40 bringt eine Kältekatastrophe, die ganz Europa heimsucht. Der schlimmste und längste Frost des zweiten Jahrtausends. Die Ostsee ist komplett zugefroren. Die großen Flüsse sind es ebenfalls, bis zum Grund. In den Gewässern erstickt alles Lebendige. Der Gardasee ist mit einer mächtigen Eisschicht bedeckt, der Bodensee auch. In Venedig spazieren die Menschen über die große Lagune. Aber nur die Überlebenden. Denn hunderttausende Menschen sterben in dieser äußerst betrüblichen Zeit. Oder sie verlieren Nasen, Finger, Zehen und ganze Füße durch Erfrierungen.

Eine ungewöhnliche Wetterlage hat den alten Kontinent im Griff. Scharfer Wind aus Nord bis Nordost trägt polare und kontinentale Eisluft nach Mitteleuropa. Und zwar monatelang: „Der Frost setzte kurz nach Michaelis ein und dauerte bis Pfingsten“, überliefert der brandenburgische Chronist Christoph Eilers. „Vom 9. bis 11. Januar war die größte Kälte, dazu wehte ein starker Nordwind. Viele Menschen sind bei dem Frost umgekommen. Besonders schlimm wurde es für das Vieh, dass der Winter so lange dauerte und kein Gras zum Vorschein kam. Man hat eine Liste aufgestellt über den Verlust an Vieh; daraus geht hervor, dass 960000 Schafe, 46000 Rinder, 14000 Schweine, 5200 Pferde, 91000 Schock Karpfen umgekommen sind. Da die Baumblüte erst im Juni war, wurde das Obst nicht mehr reif. Die Folge war eine große Teuerung; für einen Scheffel Roggen bezahlte man in Belzig 1 Taler 12 Groschen, für Weizen 2 Taler 8 Groschen, ein Schock Stroh galt 15 Taler, eine Fuhre Heu 24 Taler."

Der letzte Frostwinter liegt gerade mal 30 Jahre zurück. 1709 gab es eine ähnliche Heimsuchung. Die Überlebenden von damals können nur noch beten, dass es nicht noch härter kommt. Als es endlich anfängt zu tauen, reißen Sturzfluten von Stauwasser und Schlamm alles ein, was der Frost noch nicht zersprengt hat. Wassermühlen, Brücken, kleine Siedlungen an sonst friedlichen Bächen – alles versinkt in einer strudelnden Melange aus Eisbrocken, Matsch und Gerümpel. Kühe und Schweine treiben aufgedunsen flussabwärts. Und in den Wäldern stehen im folgenden kalten Sommer Millionen tote Bäume. Verdorrt durch Spätfrost, der bis in den Juni dauert und selbst den mächtigen Überlebensdrang der letzten jungen Knospen welken lässt. Der kalte Schrecken gibt erst Anfang Juli nach. Das Jahr 1740 hat eine Durchschnittstemperatur von 5 Grad Celsius.

Nachdem das eisige Inferno überstanden ist, lassen die Herzöge von Mecklenburg-Strelitz und Mecklenburg-Schwerin ihre Schreiber eilig Verordnungen formulieren, zur Nutzung des abgestorbenen Holzes. Ihre Federkiele rascheln und kratzen. Sie schreiben mit schwarzer Ossa-Sepia-Tinte verschnörkeltes „Teutsch" aufs handgeschöpfte Papier: Die toten Eichen sollen raus aus den Wäldern, sind ihre Forstämter jetzt angewiesen, bevor die wertvollen Stämme verfaulen. Eiche ist der Stahl des Mittelalters. Der Baustoff Nummer eins.

Eine Wiederaufbauzeit beginnt und eine Art Renovierungswelle. Dicke Rückepferde schleppen die geschlagenen Eichenbäume mit langen Ketten an die Waldränder, angetrieben von wortkargen Forstleuten. Zimmerer und ihre Helfer sägen aus den tonnenschweren Stämmen noch an Ort und Stelle Balken und Bohlen. Massenweise wird in den Jahren nach dem großen Frost das tote Holz verbaut. In Kirchendächern, Glockenturmgestühlen, in Brückenkonstruktionen, Windmühlen und Herrenhäusern. So manches Gutshaus wird nach der Kälte modernisiert, die Wände gehören jetzt aufgedoppelt, damit sie mehr Schutz bieten vor der Kälte, und wärmedämmende Zwischendecken eingezogen. Die Tischlereien fertigen sogenannte „Winterfenster" aus schlanken Fichtenstäben. Doppelverglasung ist angebracht. Gezogenes Flachglas wird inzwischen immer besser verfügbar und stellt keine kostbare Rarität mehr dar.

Es ist die sogenannte „Kleine Eiszeit", die vom 16. bis 18. Jahrhundert die Nordhalbkugel dramatisch abkühlen lässt. Nicht nur die Neigung der Erdachse hatte sich geringfügig verändert, es brachen auch Vulkane aus und schleuderten Millionen Tonnen Asche und Schwefel bis in die Troposphäre, die Sonne kam kaum noch durch und strahlte ohnehin schon nicht mehr so hell wie gewöhnlich. Erst der eiskalte Sommer von 1740 markiert das Ende dieser Phase.

Die Masse macht's

Das Stereomikroskop von Karl-Uwe Heussner hat nur eine zehnfache Vergrößerung. Aber damit sieht er genug. „Manchmal gehe ich auch auf zwanzig", murmelt er, über das doppelte Okular gebeugt. Mit einem kleinen Handrad und einer hochpräzisen Mechanik bewegt er unendlich langsam einen polierten Stahlschlitten unter dem Wechselobjektiv entlang. Eine kleine, aber gleißend helle Lampe beleuchtet den Objektträger, in den eine sauber geschnittene Scheibe Holz einge-

Das Stereomikroskop hat nur eine zehnfache Vergrößerung. Auf einem computergesteuerten Schlitten fährt die Holzprobe unter einem Fadenkreuz entlang. Jeder Ring ein Mausklick, so entsteht ein neuer Datensatz, der mit vielen anderen aus dem Archiv verglichen werden kann.

spannt ist, so groß wie ein Frühstücksteller. „Ich brauche fünfzig Jahresringe mindestens", sagt der weißbärtige Heussner. „Dann ist die Sicherheit groß, dass ich die Probe zeitlich genau zuordnen kann. Je mehr Ringe, desto besser." Er blickt dabei nicht auf, er muss sich sehr konzentrieren. Im Okular steuert er ein Fadenkreuz zu markanten Stellen im Jahresringablauf. Neben ihm glimmt der Bildschirm seines Computers, der verbunden ist mit dem Messtisch unter dem Mikroskop. Karl-Uwe Heussner dreht am Handrad. Er liest an der Skala, die ihm der Bildschirm zeigt, die Breite jedes einzelnen Wachstumsringes ab – auf den Hundertstelmillimeter genau. Jeder der feinen Streifen hat seine eigene Stärke. Das Muster, dass sie dabei ähnlich einem Barcode bilden, ist ein Fingerabdruck der Zeit. „Wenn ich die Waldkante habe, also den letzten äußeren gewachsenen Ring", er dreht vorsichtig am Rädchen für den Vorschub der Probe, „dann kenne ich auch das Todesjahr des Baumes."

Doktor Karl-Uwe Heussner ist lange zuständig für die Steinzeit gewesen. Erst als Archäologe beim Museum für Ur- und Frühgeschichte in Schwerin. Zwei Jahre vor dem Ende der DDR wechselt er nach Berlin zur Akademie der Wissenschaften, denn er ist mittlerweile ein Spezialist für die Datierung von Hölzern. Im wiedervereinigten Deutschland übernimmt ihn das Deutsche Archäologische Institut in Berlin-Dahlem. Seitdem er Rentner ist, arbeitet Heussner nebenbei selbstständig. Er kann nicht anders: „Mich interessierte immer schon der Zusammenhang zwischen Naturereignissen, Umwelt, Klima und die zeitliche Ablesbarkeit davon in historischen Fundstücken. Und dieses Interesse hört ja nicht auf."

Karl-Uwe Heussner datiert Hölzer. Er ist ein Dendrochronologe. Er kann durch genaues Hinsehen, haarfeines Messen und den Vergleich mit Referenzreihen bestimmen, wann welcher Baum wo gewachsen ist, wie sein Leben war und, wenn er die „Waldkante" zur Verfügung hat, auch, wann genau gefällt wurde. Fehlt die besagte Kante, muss er das Fehlende schätzen, damit die Methode weiter funktioniert. Und schätzen kann ein Dendrochronologe gut, weil er seine Pappenheimer ja ausnehmend gut kennt. In welchem Haus die Zimmermannsleute das Holz dann einsetzten, erfährt er meist direkt von seinen Kunden, die ihm die Proben bringen: Bohrkerne oder Scheiben von Balken, Dielen, Türblättern. Es sind oft die Gutshausretter, die mit Mut, Mörtel und ohne Millionen baukulturelles Erbe bewahren und sich deshalb für das wahre Alter ihrer Herrenhäuser interessieren. Und das kann man selten direkt an der Fassade ablesen.

Die unterschiedlichen Breiten der Jahresringe im Holz werden als Zickzacklinie dargestellt. Findet der Computer ein sehr ähnliches Muster in der Datenbank, ist es ein Treffer. Dann kann die Zeit, in der der Baum wuchs, definiert werden.

Unter Heussners Mikroskop landeten in letzter Zeit auch Bohrproben und Holzscheiben aus den Gutshäusern Sommerfeld und Gehren. Diese Gebäude verbergen ihr wahres Alter hinter grauem Zementputz aus der DDR, ihre Dachstühle verstecken sich unter Wellasbest. Ihre teils gewaltigen Dielenfußböden wurden erst jetzt wieder entdeckt, weil sie vorher mit Faserzementplatten oder Linoleum vernagelt waren. Aber die Gutshausretter wissen, wenn man an die Holzkerne im Hause herangekommen ist und einen wie Karl-Uwe Heussner beauftragt, dann ist auch bald klar, wie alt das Anwesen wirklich ist.

„Manchmal täuscht ein flotter Mittelrisalit in der Gutshausfront ein Baujahr Mitte 19. Jahrhundert vor", sagt er. „Aber die Balken darunter können richtig uralt sein." Das Alter eines Hauses erkennt man an seinem hölzernen Skelett. Doch auch da steckt der Teufel im Detail. „Damals wurden ja oft gebrauchte Hölzer aus abgetragenen älteren Gebäuden wiederverwendet", mahnt Heussner. „Deshalb brauche ich aus einem Bauwerk immer so viele Proben wie möglich. Dann kann ich quervergleichen." Er konzentriert sich wieder auf den Blick durch das Stereookular und murmelt: „Die Masse macht's!"

Und so sieht er auch massenhaft in seinen Proben – mehr als 1 000 werden ihm jährlich zugeschickt – jenes aus den toten Wäldern von 1740 geborgene Holz. Die große Bauzeit erkennt Heussner an der schieren Menge der eingesandten Bohrkerne, die alle das gleiche Fälldatum haben. „Die Datierung von Holz aus den Gutshäusern ist noch relativ einfach und überschaubar. Die sind ja quasi neuzeitlich und durch die Abstimmung der von mir ermittelten Daten mit den Erkenntnissen der Bauforscher und vielleicht von schriftlichen Überlieferungen habe ich viele Quervergleiche." In manchen Landesarchiven lagern zuweilen Rechnungen von Baumeistern, Aufträge an Zimmerleute, baupolizeiliche Genehmigungen, Zeichnungen oder anderen Urkunden, die die zeitliche Zuordnung erleichtern.

Wenn Karl-Uwe Heussner Holzproben aus dem Gutshaus von Griebenow analysiert und auch solche aus dem Schloss Kalkhorst – wertvolle Bauten, die jedoch vor ein paar Jahren den Denkmalpflegern durchgerutscht sind und keine Einstufung als erhaltungswürdig und schützenswert bekamen –, führt das Gutachten vom Dendrochronologen Heussner oft dazu, dass die Sache plötzlich ganz anders aussieht ...

Gucklöcher in die Vergangenheit

„In jedem Ring", sagt der Wissenschaftler, „steckt die Geschichte eines Jahres. Und zwar aus der Sicht des Baumes." Schien die Sonne viel oder wenig, war es trocken oder nass, gab es große Waldbrände, Überschwemmungen, Ungezieferplagen – Heussner sieht alles. „Die großen Einbrüche können wir am Jahresringmuster erkennen. Zum Beispiel spielte der Maikäfer in unseren Breiten immer eine große Rolle. Alle vier Jahre trat er verstärkt auf."

Aber der Dendrochronologe ist auch nicht unfehlbar. „Manchmal überlisten die Bäume mich auch." Importiertes Holz aus weit entfernten Gebieten und zufällige Ähnlichkeiten zu einer doch unpassenden Vergleichsreihe oder möglicherweise die Vorgabe eines völlig falschen zeitlichen Rahmens auf Seiten des Einlieferers kann zu Problemen führen. Aber auch bei einer Einzelprobe wird es zuweilen kniffelig. Hat der Baum am Waldrand gestanden, neben einem Ameisenhaufen oder gar allein auf einer Wiese? In solchen Fällen kann das Jahrringmuster atypisch sein und nicht in das bekannte – in lang andauernder Forschung aufgebaute – Vergleichsmuster passen. Diese Vergleichsreihen der Dendrochronologen reichen bis in die unmittelbare Nacheiszeit. Mühsam aufgebaut mit der sogenannten Überlappungsmethode.

Am Anfang einer solchen Reihe steht beispielsweise der Querschnitt einer soeben gefällten dicken Eiche in einem alten Forst von Bützow. Der Baum hat 180 Jahresringe, begann also vor 180 Jahren zu wachsen. Ein Eichenbaum, der vor 150 Jahren im gleichen Forst geschlagen wurde, weist in seinen letzten 30 Jahresringen das gleiche Muster auf wie der heute frisch geschlagene in seinen ersten 30 Ringen – und führt die Wissenschaftler über die Anzahl seiner frühreren Ringe etwas weiter in die Vergangenheit hinein. Und so geht es immer mehr zurück. Ring für Ring, Überlappung für Überlappung. 500 Jahre alte, noch stehende Eichen können heutzutage angebohrt werden. Sie bilden einen gigantischen Zeitstrahl ab. Daran schließen sich Fundstücke aus Schiffswracks an, aus Kirchendächern oder Holzkohlereste aus einer alten Köhlerei. Immer weiter geht es zurück – wenn es passende Überlappungen gibt. Die Dendrochronologen arbeiten natürlich nicht für sich allein. Sie tragen viele dieser verschiedenen endlos langen Jahresringsammlungen zusammen. Denn jede Baumart und jede größere geografische Region hat ihren eigenen „Fingerabdruck", ihr eigenes Jahresringmuster.

„Dadurch", sagt Heussner, „kann ich auch nach der Herkunft eines Holzes suchen, wenn es gar nicht in die Gegend passen will, in der es aufgefunden wurde." Zwar haben die Gutsherren im Ostseeraum für Bauten aller Art meistens Holz aus ihren eigenen Wäldern verwendet. „Aber sie haben auch welches eingekauft", merkt der Forscher an. „Die damaligen Handelswege spiegeln sich deshalb auch in unserer Forschung wider." Heussner ermittelt in den Tiefen seiner Jahrring-

Karl-Uwe Heussner hat zahllose Expeditionen durchgeführt. Zuhause geht es an die Analyse. Bohrproben anschleifen, Ringe vermessen, Daten abgleichen. Das Allzeitdiagramm der Dendrochronologen reicht schon mehr als 10 000 Jahre in die Vergangenheit.

muster zuweilen Eichen- und Kiefernstämme aus Südschweden, die offenbar über Riga, Danzig und Klaipeda, dem früheren Memel, bis nach Mecklenburg gelangten. Nach ihrem Haupthandelsplatz wurde solches Holz in den Kontobüchern der Kaufmannshäuser meist als „gotländisch" geführt. Während eines Baubooms im 14. Jahrhundert gab es vor Ort gar nicht genügend eigenes Holz. Die Rostocker Holzhalbinsel erinnert noch an diese großen Zeiten des Importgeschäfts über die Ostsee. „Finnland", weiß Karl-Uwe Heussner zu berichten, „war damals fast kahlgeschlagen. Die berühmten finnischen Wälder von heute sind allesamt angepflanzt und mehrfach nachgewachsen."

Das Telefonklingeln befördert den Wissenschaftler wieder zurück vom 14. Jahrhundert ins 21. Stephan Linde aus Duvendiek bei Stralsund ist am Apparat. Der hat sich ein eigenes „Dendro-Besteck" zugelegt: einen langen Hohlbohrer für die selbstständige Probenentnahme, den er in eine elektrische Bohrmaschine einspannen kann.

„Ja, schick mir die Bohrkerne her", sagt Heussner. „Nimm so viele Proben wie möglich aus dem Dachstuhl. Und auch unten aus dem Fachwerk. Du weißt ja: Die Masse macht's." Linde krabbelt und klettert gerade durch das Gutshaus Dahlen, ein neues Projekt von Knut und Christina. Für die beiden ein Neubau, höchstens 170 Jahre alt. Aber wer weiß, was der Holzzeitforscher zutage fördert mit seinem Mikroskop und seiner Geduld. Heussner winkt ab: „Die Gutshäuser sind eigentlich keine große Herausforderung. Das ist ja alles noch nicht so lange her, höchstens ein paar hundert Jahre." Und das Holz ist immer auch noch als Holz vorhanden. „Anders sieht es aus, wenn wir die Herkunft von Holzkohle bestimmen müssen." Oder das Alter von halbvermoderten Planken gesunkener Schiffe, an denen sich schon jahrhundertelang die Pfahlbohrmuschel gütlich getan hat. Aber auch das kann funktionieren. Wenn die Jahresringe noch halbwegs zu sehen sind mit ihrem untrüglichen Ablauf von Wachstums- und Ruhephasen. Von Winter und Sommer, warm und kalt, hell und dunkel. Die Okulare von Heussners Mikroskop sind wie Gucklöcher in die Vergangenheit. Mit dem langsam laufenden Objektträgerschlitten bedient er eine Art Zeitmaschine. Jeder Ring den er sieht, kann ihm viel erzählen. Aber auch nur, weil Heussner viel weiß.

Das Jahr ohne Sommer

Am Abend des 10. April 1815 steigert sich das Inferno, dass seit zwei Tagen die Insel Sumbawa östlich von Java heimsucht, zu einer biblischen Katastrophe. Die Welt geht wieder mal unter. Der 4800 Meter hohe Vulkan Tambora, seinerzeit der höchste Berg Indonesiens, explodiert. Der Knall, heißt es in zeitgenössischen Aufzeichnungen, ist das lauteste Geräusch, dass der Mensch jemals gehört habe auf der Erde. Der Tambora schleudert 140 Milliarden Tonnen Lava und Asche in die Atmosphäre, fünf Tage, nachdem er angefangen hat zu rumoren und Feuer zu spucken. Mehr als 48000 Menschen sterben sofort in den umliegenden Dörfern auf Sumbawa und den Nachbar-Inseln, weitere 100000 verlieren ihr Leben durch die weltweiten Folgen der Eruption. Der Himmel verdunkelt sich auf der gesamten Nordhalbkugel. Es gibt Missernten, Hungersnöte, Volksaufstände. Es ist der schlimmste Vulkanausbruch seit den frühesten Aufzeichnungen der Geschichtsschreibung. Für den Dendrochronologen von heute bildet sich das sogenannte „Jahr ohne Sommer" aber gar nicht so überdeutlich in seinem Jahresringmuster ab, wie man das vermuten könnte. „Wir haben das mal von ein paar Studenten durchrechnen lassen", so Heussner. „Es gab ja zwei dieser großen Ereignisse." Am 22. August 1883 explodiert nämlich auch die Vulkaninsel Krakatau zwischen Sumatra und Java.

Die folgenden Eruptionen dauern fünf Tage. Die nächste globale Verdunklung. „Diese Ereignisse lassen sich herausfiltern, allerdings wirklich nur sehr wenig. Spielen fast keine Rolle." Denn Bäume wachsen auch bei Dunkelheit. Dann schalten sie ihren Stoffwechsel um. Die Energiegewinnung durch Photosynthese hört auf, Stärke und Proteine werden für das Wachstum abgebaut und stellen Stickstoff und Kohlenstoff zur Verfügung.

Eine willkommenere Markierung auf dem langen Zeitstrahl der Dendrochronologen bilden dagegen die Hitzewellen und Trockenperioden ab, die es im 19. Jahrhundert gab. Bei extremer Trockenheit wächst ein Baumstamm so gut wie nicht. Die Zellen sind nur noch mit dem Wassertransport, dem puren Überleben, beschäftigt. Das Kambium, der Bereich im Stamm, in dem die neuen Zellen wachsen, ist kaum aktiv.

Es sind die schieren Datenmengen, die dem Forscher Rückschlüsse erlauben: auf Baukonjunkturen zum Beispiel. Oder auf Kriege – denn manchmal steckt Munition in den Holzproben, die auf Heussners Labortisch landen. Es gibt auch Zusammenhänge mit der Pestepedemie im 14. Jahrhundert. „Da wurde gar nicht mehr gebaut. Da flüchtet sich die Gesellschaft in die Religiösität." Altäre entstehen, aber keine Kirchen. Es hilft nur noch das Beten.

Ein spannender Job

Behutsam dreht Karl-Uwe Heussner am kleinen Handrad des Messtisches. Und lenkt damit unter seinen Augen eine Probe aus dem Gutshaus Dahlen. Heussner misst langsam, mit seiner kalibrierten Hundertstelmillimeterskale. Er macht sich nebenbei Notizen. Der Bohrkern zeigt seine Waldkante deutlich – den letzten gewachsenen Jahresring. Der Wissenschaftler vergleicht seine Abstandsmessungen mit den Referenzreihen, spannt die nächste Bohrprobe ein, um ganz sicher zu gehen. Anderer Balken, gleiches Haus. So geht das – Probe für Probe, Stunde um Stunde. „Wir können nicht jeden Befund deuten. Aber mindestens ein Dreiviertel kriegen wir raus."

Nach einem langen Tag am Mikroskop ist sich der Forscher sicher: „Das Holz im Gutshaus Dahlen wurde im Winter 1805/1806 geschlagen. In einem Forst bei Neubrandenburg. Das Gestehungsjahr des Gebäudes ist also aller Wahrscheinlichkeit nach 1806 oder 1807." Bauholz wird in jenen Zeiten nur kurz gelagert und frisch vom Zimmermann verarbeitet.

Bevor Heussner sich an den zweiten Teil seiner Arbeit macht und ein ausführliches Gutachten für die Dokumentation schreibt, mit dem Hinweis auf alle Vor- und Nachteile der Methode, mit seinen Indizien und Ermittlungen, wie ein Kriminologe, greift er doch kurz zum Telefonhörer und informiert seine Auftraggeber. Die kühle Nachricht, die blanke Zahl 1806, sorgt bei Knut und Christina am anderen der Leitung für große Aufregung. Jetzt kann es kaum noch Zweifel geben. Jetzt passt alles zusammen. Gutshaus Dahlen steht in einem größeren kulturgeschichtlichen Zusammenhang, als es das schmucklose verlassene Gebäude auf den ersten Blick vermuten lässt. Für Knut Splett-Henning und Christina von Ahlefeldt eine kleine Sensation.

Karl-Uwe Heussner legt den Hörer auf und lächelt: „Es ist eben ein spannender Job."

Prominente der Vergangenheit II

Knut Splett-Henning trifft Philipp Otto Runge im Gutshaus Dahlen

Die Berberaffen machen einen Höllenlärm. Sie kreischen und keckern. Sie hängen in den Bäumen, hocken auf schroffen Steinen in südlicher Sonne und kratzen sich gegenseitig die Flöhe aus dem Fell. Sie springen und hoppeln über den Kalksteinfelsen, der über 400 Meter hoch aus dem Meer aufragt. Der Felsen von Gibraltar! Wie ein Monolith steht er in einer flachen Küstenlandschaft. Eine riesige Bucht ist westlich von hier oben zu sehen, an ihrem Rand liegt der Strand der spanischen Stadt Algeciras. Am Horizont Richtung Süden schimmern rötliche Berge im Dunst über einer großen Wasserfläche. Die Nordküste des afrikanischen Kontinents. Die Straße von Gibraltar, eine Meerenge zwischen Europa und Afrika, ist teilweise nur knapp 15 Kilometer breit. Der gesamte Seeverkehr vom Atlantischen Ozean ins Mittelmeer und umgekehrt muss hier durch. Eine geografisch-strategische Ausnahmesituation – auch und gerade für die großen Mächte am Mittelmeer.

Und deshalb sind die Affen von Gibraltar wieder mal aufgeregt. Unten auf dem Wasser hallen dumpfe Böller. Ein britisches Kanonenboot – die Briten halten Gibraltar als ihren Stützpunkt – nähert sich einem deutschen Gaffelschoner. Es sind Zeiten, in denen Europas politische Kräfte sich ein Ringen um die Oberhand liefern. Es ist das Jahr 1797. Napoleon Bonaparte hat die sogenannte Kontinentalsperre verhängt, um seinem Erzfeind Großbritannien die Versorgungswege übers Meer abzuschneiden. Kein Handel mit England erlaubt.

Die Briten wehren sich mit Kaperfahrten im internationalen Gewässer. Der deutsche Gaffelschoner hat Getreide geladen. Unter anderem auch 868 Scheffel Weizen, etwa 40 Tonnen, die ein erfolgreicher Wolgaster Kaufmann und Reeder – sein Name ist Daniel Nikolaus Runge – an ein Handelshaus in Nordafrika verkauft hat. Doch die Engländer kapern die Fracht. Ein herber Verlust für Runge, Weizen ist zu dieser Zeit so teuer, dass man ihn nur im Ausland los wird. Das norddeutsche Ackergold! Und der Kaufmann aus Vorpommern braucht das Geld. Unter anderem, um seine Söhne zu unterstützen. Einer von ihnen, Daniel, der in Hamburg lebt und dort eine „Kommissions- und Speditionshandlung“ betreibt, ist gerade dabei, eine Gutspachtung in Brunn bei

Friedland zu übernehmen, Ortsteil Dahlen. Dem jüngeren Sohn, der in Daniels Unternehmen gerade Kaufmann lernen soll, finanziert er zusätzlich den so geliebten Zeichen- und Malunterricht. Sein Name: Philipp Otto Runge.

Erstaunliche Neuigkeiten

„Das Gutachten ist jetzt da", Knut Splett-Henning schwenkt eine Flasche Mercurey Premier Cru, „und der Dendrochronologe hat herausgefunden", der Gutshausretter pellt genüsslich die Zinkummantelung vom Flaschenhals, „dass das Bauholz im Obergeschoss im Winter 1805/1806 geschlagen worden ist und gleich danach verwendet wurde." Knut dreht langsam den Korkenzieher. Er ist gut aufgelegt. „Denn das bedeutet, Gutshaus Dahlen in seiner jetzigen Kubatur wurde höchstwahrscheinlich noch 1805 neu- oder wenigstens grundlegend umgebaut und wohl 1807 endgültig fertig." Er riecht am Korken. „Spätestens."

Seit Sommer 2020 sind Knut Splett-Henning und Christina von Ahlefeldt Eigentümer des Gutshauses Dahlen in der Gemeinde Brunn, recht einsam gelegen zwischen Friedland und Neubrandenburg, aber trotzdem gut erreichbar, vor allem für gestresste Großstädter aus Berlin. Jahrelang hatten sie darum verhandelt, den grauen großen Kasten kaufen zu können. „Ein hässliches Entlein", sagt Knut. Oder: „Nicht gerade eine Dorfschönheit." In ersten Arbeitseinsätzen haben sie mit freiwilligen Helfern das Haus von allen Umbauten befreit. Mit blaugrauem DDR-Beton verklebte Ziegel aus zugemauerten Fenstern und Türen gestoßen und Zwischenwände abgerissen, Räume wieder hergestellt. Das Übliche also. Aber ein paar Monate später gibt es erstaunliche Neuigkeiten zum Herrenhaus Dahlen.

90 Kilometer Luftlinie entfernt, im Keller des Gutshauses Kobrow – hier befindet sich die gemütliche Küche mit direktem Zugang zum Garten –, sitzen Hausherr Philipp Kaszay, der Architekt Ronald van der Starre aus dem spätbarocken Herrenhaus Dölitz und Gutshausretter Knut Splett-Henning aus Rensow zusammen. In der Ecke bullert und faucht ein Kanonenofen, in den Gläsern atmet der Rotwein. Die Gutshausretter diskutieren ihre Pläne und Entdeckungen wie auch den aktuellen Klatsch und Tratsch aus der Szene. Gerüchteküche.

Knut schwenkt das Glas, steckt die Nase tief hinein. „Philipp Otto Runge", sagt er. „Er war auch da, auf jeden Fall gibt es eine enge Verbindung zu den Pächterfamilien jener Zeit. Es waren alles seine Geschwister." Die Pachtverhältnisse auf den mecklenburgischen Gütern sind vergleichsweise gut dokumentiert, ebenso die Familienstrukturen der damaligen, meist adeligen Besitzer. Und Knut Splett-Henning ist zwar ein ungeduldiger Geist, aber ein hartnäckiger Rechercheur. Tagelang klemmte er hinter seinem Laptop in der Ecke des Arbeitszimmers in Rensow, durchforstete die Datenbanken der Genealogen- und Adelsstammbäume im Internet. Er suchte zudem Rat bei einem anderen Gutshausretter und besuchte Albrecht Bolz in Vilz, der dort die Außenstelle der westdeutschen Familienforschungsgesellschaft betreibt.

Die beiden plauderten lange in der gemütlichen Bibliothek im Gutshaus Vilz, wälzten gemeinsam die alten Familienstammbücher. Familienforscher Bolz suchte hier und da in seiner enormen Sammlung, Knut versank in den gesteppten dunkelroten Ledersesseln. Lange Gespräche, viele Vermutungen, nichts Genaues. Schließlich, fast wie nebenbei, zog Albrecht Bolz einen Band „Genealogie" aus dem Regal, Heft 12, Ausgabe 1982. Ihm war da was eingefallen. Er hatte da mal was gelesen. Auf Seite 385 fanden die beiden einen langen Fachbeitrag über die Verhältnisse um Ilsabe Dorothea Runge in Mecklenburg. Ilsabe war eine ältere Schwester Philipp Ottos.

Albrecht Bolz betreibt in seinem Gutshaus Vilz bei Tessin ein professionelles Ahnen- und Familienforschungsbüro mit abertausenden Nachschlagewerken und einer gewaltigen Zahl an Datensätzen.

Davon profitiert auch Knut Splett-Henning, der die Geschichte des Gutshauses Dahlen erforscht. Gemeinsam fanden die beiden heraus, dass die Familie von Philipp Otto Runge in Dahlen gewirkt und gelebt haben muss.

Und jetzt hat Knut exzellente Neuigkeiten: „Philipp Otto Runge hat den Umbau des Herrenhauses Dahlen damals mit begleitet. Vielleicht hat das Haus deshalb so viele Fenster und dadurch außergewöhnlich helle Innenräume. Licht war ja ein großes Thema zu jener Zeit, bei den Malern, den Architekten und den Dichtern." Und Philipp Otto Runge war alles zusammen, ein Künstler, der malte, dichtete und sehr viel nachdachte. Knut Splett-Henning nippt am Roten und wittert eine Sensation. Er hat ein Näschen für so etwas.

Die Runge-Recherchen

Ein gewisser Daniel Runge wirtschaftet um 1800 auf dem mittlerweile von ihm erworbenen Gut Brunn. Seine Schwester Ilsabe Dorothea Runge erwirbt nach dem Tod ihres Mannes Helwig 1806 die Güter Dahlen und Dishley gleich nebenan. Das ist belegt durch einen Brief an ihren Bruder Daniel, von dem sie sich 7000 Reichsthaler borgen muss. Heute eine Millionensumme. „Die Kaufleute Runge haben sich wohl als großes Familienunternehmen verstanden, wo der eine für den anderen da ist", vermutet Knut Splett-Henning. Es ist ein verflochtenes und etwas undurchsichtiges Geschäft, welches die Geschwister damals in Mecklenburg-Strelitz betreiben. Zumal wir es nur durch den Schleier der verflossenen Jahrhunderte betrachten und bewerten können. Die meisten Akten aus dem Strelitzer Lehnsarchiv sind zudem verlorengegangen.

Aber belegt ist, dass Karl Herrmann Runge, ein weiterer Bruder Philipp Ottos (er war das neunte von elf Kindern), von seiner verwitweten Schwester Ilsabe Dorothea so gut es geht die Pachtungen auf den Gütern Ramelow, Salow, Pleetz und Bresewitz übernimmt. Es ist ein gewaltiger Betrieb, der da zu betreuen ist. Für die vier Güter mit dazugehörigen Dörfern und einem Kloster ist eine jährliche Pachtsumme von 15000 Reichstalern fällig, die der eigentliche Besitzer der Ländereien, Graf Friedrich von Hahn, einstreichen darf. Hier ist sogar ein ausführlicher Pachtvertrag überliefert:

„Zur Nutzung des Gutes gehören das herrschaftliche Haus zu Salow nebst Kuhstall, Wagenremise und Eiskeller; Jägerwohnungen in Salow und Bassow; die Holzwärterwohnung in Ramelow; die Wohnungen und Gärten der Schulmeister in Schwanbeck, Roga, Bassow und Kloster; der Witwenkaten in Ramelow und eine Stube für Invaliden auf demselbigen Kloster. Der Gutskomplex hat eine Ziegeley und Kalkbrennerey mit den dazugehörigen Ziegel- und Kalkbrüchen; eine Teerschwelerey und die Schneidemühle mit allem was dabey gehört. In Ramelow gibt es einen großen Gutsgarten und zwei Backöfen. Zum Pachtrecht gehört die Nutzung aller Koppeln, die gesamten Holz- und Forstreviere, die Mast auf den Viehweiden, in den Hölzungen und Schonungen sowie die Jagd."

Oft hält sich Philipp Otto Runge auf den mecklenburgischen Gütern von Karl Herrmann und Ilsabe Dorothea auf. Er ist an Lungentuberkulose erkrankt und genießt hier draußen Sonne und frische Landluft. Aber der etwas schwächliche junge Mann hilft trotz seines Gebrechens, wo er kann. Im Sommer 1802 unterstützt er seine Geschwister in Ramelow beim Taxieren von Honig, Kirschen und Erdbeeren und fährt mit seinen Brüdern auf den Pferdemarkt nach Friedland. Er kümmert sich in jenem Sommer um Kauf und Verkauf von Schafen, Schweinen und Butter. Auch später berät er beim Einrichten einer Branntweinbrennerei, versucht in Hamburg Aufkäufer für Wolle und Flachs zu finden und vermittelt Schafe und Schäfer von Mecklenburg nach Holstein. Im Gegenzug wird er von seinen dankbaren Geschwistern mit Spickgänsen, Branntwein, Gin und anderen wichtigen Lebensmitteln versorgt. Über die Käufe des Gutes Dahlen und des Gutes Dishley notiert er sorgenvoll in einem Brief an seine Schwiegermutter: „[...] dazu kömmt [...] der Ankauf der Schwester von 218 Morgen, [...] dieses blos dazu dient, um am Ende etwas eignes für die Kinder zu haben und das ausstehende Capital aus den Ruin der notwendig in Mecklenburg aus den Schwindeleyen der Güterankäufe und Pachtungen entstehen wird, zu retten."

Mit Ende 20 ist der junge Philipp Otto Runge schon zu einem etablierten Künstler herangereift. Er hat im Freundeskreis seines Bruders Daniel den Dichter Matthias Claudius kennengelernt und er ist Friedrich Gottlieb Klopstock begegnet, er hat an der Königlichen Akademie in Kopenhagen Freihandzeichnen, Anatomie, Geometrie und Perspektive studiert und ist während eines Studiums an der Kunstakademie in Dresden Caspar David Friedrich begegnet. Runge wird zu einem Prominenten seiner Zeit. Er versucht Dichtung und Malerei miteinander zu verquicken wie kein anderer vor ihm. Er schreibt Gedichte und Geschichten. Das Märchen „Vom Fischer und syner Fru" stammt von ihm, er überlässt es den befreundeten Gebrüdern Grimm für ihre Sammlung. Er malt und zeichnet. Heute gilt er neben Caspar David Friedrich als einer der bedeutendsten deutschen Maler der Frühromantik.

Goethes Gedanken und der Globus der Farben

„Schon als Schüler habe ich mir zusammen mit meinem Vater in der Hamburger Kunsthalle seine Bilder angesehen", sagt Knut. „Und wurde wohl schon damals Runge-Fan! Und jetzt wirkt es doch fast schon spirituell, dass wir hier auf seine Spuren stoßen!" Die Lieblingsnichte von Philipp Otto Runge, Tochter von Ilsabe Dorothea, die auf Gut Dahlen aufwuchs, hieß Wilhelmine. Ihr Portrait hängt im Pommerschen Landesmuseum zu Greifswald. Gemalt 1807 von Philipp Otto Runge. Eine junge Frau ist darauf zu sehen, in einem sommerlichen Kleid. Den Blick schüchtern gesenkt. „Das Mienchen", wie Philipp Otto sie in seinen Briefen nannte, lehnt an einem Gartenzaun – hinter ihr eine weite Landschaft, eine Senke, überspannt von einem abendlichen Himmel in violetten Tönen. Gut Dahlen liegt auf einer imposanten Anhöhe. Von hier hat der Betrachter heute noch einen ähnlichen Blick nach Westen ins grüne Tal des Kleinen Landgrabens, der ein paar Kilometer weiter die Tollense speist.

Ein paar Wochen nach den Runge-Recherchen von Knut weicht er mit seiner Frau Christina von Ahlefeldt Tapeten im Gutshaus Dahlen ab. Es ist einer der unzähligen Arbeitseinsätze hier, anderthalb Autostunden von ihrem Haus in Rensow entfernt. Dahlen ist riesig. In DDR-Grau verputzt. Aber in einem sehr guten Zustand. Dach dicht, Keller trocken. Sogar die Fenster sind heil geblieben. „Hier könnte man direkt einziehen", schwärmen die beiden. Trotzdem machen sie gerade viel kaputt und jetzt auch noch nass. Sie wollen an die Substanz heran. An die letzte Schicht. An den Ursprung.

Mit Schwamm und Quasten klatschen sie milchiges Wasser aus einem Eimer an die Wand. Schaben, schrubben und kratzen mit Spachtel und altem Küchenmesser. Tapetenschichten sinken in Streifen, Fetzen und Flocken zu Boden. Eine glänzende Schicht Alkydharzfarbe aus den sechziger Jahren kommt zum Vorschein, darunter noch mehr Tapete. Fünfziger Jahre. Weiter geht's. Tiefer hinein in die Vergangenheit.

Knut und Christina haben gerade kein Geld mehr, weil ihnen die Sommergäste im eigenen Haus fortgeblieben sind. Vermietung verboten wegen der Corona-Pandemie. Das letzte Ersparte haben sie investiert in Holzgutachten und Sicherungsmaßnahmen für ihre Gutshausbauprojekte in Sommerfeld und hier in Dahlen. Trotz drohender Pleite machen sie weiter. Beseelt vom Wunsch, baukulturelles Erbe zu entdecken, zu heben und zu bewahren.

„Wir blättern hier gerade rückwärts in einem Buch", sagt Knut. „Wir sind doch nur Passagiere der Zeit, wir dürfen ein bisschen mitreisen in diesen Häusern, in dieser Landschaft, die schon so viele Generationen vor uns bewohnt und gestaltet haben."

Christina hat die letzte Schicht erreicht. Darunter steht nur noch der blanke Putz mit einer unscheinbaren Schicht darauf. Ein verwaschenes helles Graublau kommt zum Vorschein. Die beiden legen vorsichtig mehr davon frei. Eine schöne Farbe. Verhalten im Ton, aber wirkungsvoll in der Fläche. Sie treten zurück. Lassen den Fund auf sich wirken. Christina platziert einen trockenen, gewundenen, großen Ast mit krummen Zweigen vor die Wand. Sie macht Fotos. Knut sagt: „Goethe!" Christina postet das Bild auf facebook.

Möglicherweise hat nicht nur Philipp Otto Runge, sondern tatsächlich sogar Johann Wolfgang Goethe Einfluss auf dieses helle Blaugrau an der Wand genommen. Denn Runge steht genau in dieser Zeit in einem intensiven Kontakt mit dem großen deutschen Universalkünstler und Naturforscher in Weimar. Er besucht ihn mehrfach in seinem Haus am Frauenplan. Auf langen Spaziergängen diskutieren die beiden. Oft geht es um Malerei, die Wirkung der Kunst, um Architektur und Farbenlehre.

Farbe ist für Runge eine große Sache. Während Goethe noch an seinem sechsteiligen Farbkreis arbeitet, denkt der junge Künstler schon über eine sogenannte Farbkugel nach – ein dreidimensionales System von Farben und ihren Helligkeiten. Er entwickelt einen Farbglobus. Mit den Grundfarben und ihren Mischtönen auf dem Äquator. Schwarz und weiß bilden die beiden Pole. Ein Geniestreich jener Zeit, der bis heute seine Gültigkeit hat.

Seine ersten Gedanken über diese neue Art der Farbenlehre umreißt er in einem Brief vom 3. Juli 1806 an Goethe. Ein gutes Jahr darauf, am 21. November 1807, schreibt Runge dem Dichter dann von seiner Idee mit dem Farbglobus.

Philipp Otto Runges Farbkugel erlaubt Vorhersagen zu Mischungsverhältnissen und den daraus resultierenden Abstufungen der verschiede-

Bis auf die letzte Farbschicht abgetragen sind einige Wände in Dahlen. Hat der Künstler Philipp Otto Runge seine Schwester beim Umbau des Hauses beraten? Vielleicht geht sogar der Anstrich auf ihn zurück? Schließlich hat er sogar Goethes Farbkreis zum Farbglobus weiterentwickelt.

nen Farbtöne. Sie entsteht ungefähr zu der Zeit, in der das Gutshaus Dahlen durch die neue Besitzerin Ilsabe Dorothea Runge tiefgreifend umgebaut wird. Auftraggeber für die Umgestaltung war noch der alte Eigentümer der Anlage, Graf Friedrich von Hahn, der – so Karl Runge an seinen Bruder Philipp Otto – „gern mit Künstlern bekannt würde". Im März 1805 will der Graf ein Bild von Runge kaufen: „Die Nachtigall", aber sein Schöpfer, der es gern behalten möchte, nennt einen überteuerten Preis. Anfang Oktober 1805 stirbt Graf Friedrich von Hahn auf Remplin. Und wenig später kauft Ilsabe Dorothea das Gut Dahlen.

„Wir lassen das jetzt mit einem Gutachten abklären", sagt Christina von Ahlefeldt. „Das stellt doch dieses Haus in ein völlig neues Licht", freut sich Knut, seine Augen blitzen. „Es ist aber jetzt schon eine Sensation – denn Philipp Otto Runge war hier!" Es wäre nicht der erste Paukenschlag dieser Art in der Gutshausretterszene. Aber Knut kann gut trommeln.

Kopfsteinpflaster und Kinderlieder

Nina Hollensteiner und das Trostpflaster unter dem Modder von Scharpzow

Ein gelber Bagger gräbt sich auf dem Grundstück von Nina Hollensteiner in Scharpzow 150 Jahre zurück durch die Zeit. Das Gerät schiebt die Grasnarbe mit seiner Schaufel vor sich her, als wäre es nichts. Es rumpelt, und knirscht, seine stählernen Zähne schlagen Funken, wenn sie auf kleine Steine treffen. Der Dieselmotor jault wie ein schlecht erzogener Hund, schwarzglänzende Hydraulikschläuche vibrieren unter der Presskraft von 8000 Newton, die in ihnen wirken. Der Arm des Baggers schwenkt herum und Nina hält mit ihren großen Augen Ausschau auf das, was da vielleicht demnächst zum Vorschein kommen könnte. Es ist nur eine Vermutung, die sie jetzt schweres Gerät hat auffahren lassen. Ausgelöst durch eine Zufallsentdeckung.

Einige regelmäßig geformte, wohl von Hand behauene Ackersteine lugten eines Tages aus dem matschigen Platz vor dem Haus, den ein nasser, nicht zu kalter Januar, ein fast frühlingshafter Februar und die Winterbereifung diverser an- und abfahrender Handwerkerfahrzeuge hinterlassen hatten. Ein schwacher, aber deutlicher Hinweis darauf, dass es eine alte Pflasterung gibt unter dem Modder.

Einst grünte hier ein wilder Rasen. Aber dann. im Jahre 2018, wurde es unruhig in Scharpzow. Erst tauchten Nina und ihr italienischer Freund Vincenzo auf. Dann folgten die Bauarbeiter, Handwerker und viel Gerät. Gerüstbauer kamen und fuhren, Hubbühnen drückten ihre Stempel in den Grund, Lkws diverser Speditionen lieferten Dachziegel, Konstruktionsholz, Big Bags mit trockenem Lehmputz, massenweise gusseiserne Heizkörper und zerwühlten mit ihren grob profilierten Reifen das Gras. Enthusiastische Mitstreiter rollten mit ihren Autos an und wieder ab. Wohnwagen für Bauhelfer wurden auf den Hügel von Gutshaus Scharpzow geschleppt. Auch die Kamerateams von „Mit Mut, Mörtel und ohne Millionen“ parkten auf der Wiese, die immer schlimmer geschunden wurde mit den Monaten und Jahren.

Und Vincenzo fuhr im gebraucht gekauften VW Transporter – einer seltenen Langversion mit Anhängerkupplung und Allradantrieb – im Sommer 2020 von hier fort und sollte nicht mehr wiederkommen. Es war das ideale Baustellenfahrzeug, das die beiden sich gerade gemeinsam zugelegt hatten. Der ideale Partner für Projekt Scharpzow war der Wegfahrer aber anscheinend nicht.

Und nun, nach Monaten voller persönlicher und wirtschaftlicher Nackenschläge, hat Nina Hollensteiner unter all dem Matsch und Modder vor dem Haus ein schönes, altes Kopfsteinpflaster entdeckt – zusammen mit ihrem neuen Partner Albrecht Pischel, der im Herbst 2020 mit seinem uralten VW Polo erstmals die Auffahrt vom Gutshaus Scharpzow hinaufgeknattert war. Die beiden kennen sich schon seit Studienzeiten. Zwei Globetrotter und Künstler, die sich bereits früher, in den seltenen Momenten, in denen sie sich zeitgleich in Berlin aufhielten, gern verabredeten, quatschten, in den Klubs der Hauptstadt diverse Nächte durchtanzten. Sie mochten sich, aber jeder war auf seine Art gebunden in einer festen Beziehung.

Der Bagger schiebt immer mehr Flächen frei. Nina und Albrecht schwingen hartborstige Straßenbesen und putzen losen Sand von den Lesesteinen, die emsige Hände vor über 200 Jahren erst von den Äckern der Umgebung gesammelt und dann hier vor dem Gutsschloss ausgelegt haben. Sie kratzen mit Spachteln und Hacken diese Steine wieder frei, als gäbe es nichts anderes zu tun am Haus.

Aber sie sind eben Künstler. Der Ästhetik verbunden und ihren Impulsen folgend.

Und so wohnen die beiden auch schon im Gutshaus Scharpzow, als wäre gar nichts dabei. Mitten auf und in der Baustelle, die noch nach Mörtel duftet, während der alte Staub unaufhörlich und lautlos herabsinkt und Tisch wie Bett mit seiner schwerelosen Patina bedeckt.

Ähnlich sind wohl einst auch die Wege und Stege draußen vorm Haus zugewachsen. Mit Sand und Dreck und abertausenden Pferdeäpfeln, einer fruchtbaren Schicht, in der dann die ersten Moose und Gräser ihren Halt fanden und das alte Pflaster begruben – ganz langsam und schleichend, bis es nicht mehr zu sehen war und ebenso unmerklich auch aus den Erinnerungen der Dorfbewohner verschwand.

Altes Kopfsteinpflaster wieder ans Tageslicht zu holen, liegt gerade sehr im Trend bei den Guthausrettern. Angefangen haben Knut Splett-Henning und Christina von Ahlefeldt-Laurvig in Rensow damit, und das ist schon gute zehn Jahre her. Auch dort war es purer Zufall, dass einige Ecksteine herausragten. Dann Spatenarbeit, einen halben Meter tief. Sogar eine Kanonenkugel haben sie gefunden, damals in Rensow. Mittlerweile zählt die Suche nach altem Pflaster, ob Katzenkopf- oder Lesestein, zum Standardprogramm der Gutshausentblätterung.

Innen müssen alle Wände fallen, die nicht zum Original gehören, und draußen wird neugierig der Rasen aufgekratzt. Gerade haben Knut und Christina das Gutshaus von Gehren in der Uckermark übernommen und entsprechend in die Mangel genommen. Das Resultat: Hinter dem Zementputz verbirgt sich eine Fachwerkfassade aus dickem Eichenholz und davor liegt ein hübsches Lesesteinpflaster, allerdings spatentief unter der Grasnabe.

Spazieren, flanieren, diskutieren

Aber in Scharpzow liegen die Dinge noch ganz anders. Die alten kopfsteingepflasterten Wege, die Nina und Albrecht ausgraben und freikratzen, sind nicht einfach nur Auf- und Abfahrten zum Gutshaus, nicht nur breite zweckmäßige Rampen für Ochsenkarren und Pferdekutschen.

Frau mit Visionen: Nina Hollensteiner lebt seit Januar 2021 direkt auf ihrer Gutshausbaustelle von Scharpzow. Sie trotzt Rückschlägen, Wetterkapriolen und einer Pandemie.

Die beiden recherchieren. Die einstigen Pächter des Gutes waren aufgeschlossene, moderne Menschen, die wirtschaftlich und fortschrittlich dachten. Es waren Vorantreiber einer modernen Landwirtschaft, die auf Technik setzte und große Flächen. Zum Gut Scharpzow gehörten einst Kornspeicher, Pferdeställe, ein Kuhstall, ein Schweinestall und ein Geflügelhaus, das bis heute erhalten geblieben ist. All diese Gebäude waren miteinander verbunden, durch diese breiten gepflasterten Wege. „Der Architekt, der das Gut damals plante", sagt Nina, „ließ wohl auch Fußwege anlegen."

Diese schmaleren steingepflasterten Pfade laufen in langen Bahnen quer über das weite Grundstück. Das kann man gut erkennen, sofern sie schon freigekratzt sind. Kreuzweise und asymmetrisch treffen sie sich, in einem leicht chaotischen Muster, als dienten sie auch zum Spazieren, Flanieren, während zum Beispiel über Politik oder Literatur diskutiert wurde. Immerhin war auf Gut Scharpzow damals ein gewisser Fritz Reuter oft zu Gast, der große Dichter aus Mecklenburg, ein „bürgerlich-liberaler", der ein Freund des seinerzeitigen Pächters Carl-Theodor von Hoffmann war.

Auf diesen Wegen, die im Jahr 2021 im Gutshauspark von Scharpzow Meter für Meter wieder ans Tageslicht gelangen, wird dem jungen Fritz Reuter knapp 180 Jahre zuvor auch noch ein anderer Dichter jener Zeit begegnet sein, sinnierend, hor chend, Naturgeräuschen nachspürend und grübelnd vielleicht. Ein Mann mit Bart und wachen Augen.

August Heinrich Hoffmann von Fallersleben war ein politischer Querulant. Ein Fan der deutschen Einigungsbestrebungen, ein Patriot gewissermaßen und ein Naturfreund. Die preußische Regierung warf ihm aufgrund seiner Schriften und seiner „Unpolitischen Lieder", die ganz und gar nicht unpolitisch waren, „anstößige Grundsätze und Tendenzen" vor. Sie enthoben ihn pensionslos seiner Professur und verwiesen ihn des Landes. Die Polizei verfolgte den Dichter und Streiter, der nun heimatlos geworden, Unterschlupf bei Freunden und Bekannten suchte. So führte ihn sein Weg auch nach Scharpzow. Wo er nicht nur Fritz Reuter traf und ihn, so ist es nachzulesen, zu dessen ersten Veröffentlichungen anregte.

„Es gibt im Dorf auch eine Legende, die wohl schon seit Generationen immer weitergegeben wird", sagt Nina Hollensteiner, „dass Hoffmann von Fallersleben das Kinderlied ‚Alle Vögel sind schon da' hier im Gutspark von Scharpzow gedichtet habe." Und vielleicht sogar noch andere Werke, die bald und dauerhaft Kultstatus erlangen sollten. Von Fallersleben ist schließlich in die Musikgeschichte eingegangen mit einem ganzen Kanon an Kinderliedern. „Summ, summ, summ, Bienchen summ herum" zum Beispiel. Oder „Kuckuck ruft's aus dem Wald". Und er schrieb den Text zur deutschen Nationalhymne, „Das Lied der Deutschen" – das tat er allerdings sicher nicht in Mecklenburg, sondern während seiner Zeit auf der Insel Helgoland. Sein literarisches Wirken blieb damals nicht unumstritten. Schriftstellerkollege Heinrich Heine schimpfte über Hoffmann von Fallersleben und bezeichnete dessen Werk als „Sudeleyen".

Aber egal. Er war jedenfalls hier. Und wird auf diesen alten Wegen gelaufen sein, die durch den Park mäandern und sich sogar zu einer kleinen Piazza verbinden. Wo einst der Kuhstall gestan-

Immer wieder erfährt Nina Hollensteiner neue Geschichten, die sich im und am Gutshaus zugetragen haben sollen. „Ob das alles stimmt, weiß ich nicht", sagt sie. „Aber es hört sich meist erstmal toll an."

den haben muss, hört das Lesesteinpflaster plötzlich auf und die Füße finden sich auf wuchtigen, leicht konischen Betonplatten wieder. Ein Standard im provisorischen Straßenbauwesen der DDR-Landwirtschaft.

Auch die schönste Allee im Gutshauspark führt direkt zu einem sozialistischen Plattenbau aus den 70er-Jahren. Ein lauschiger, aber stark verwilderter Hainbuchengang, auf den ersten Blick kaum als solcher auszumachen. Der soll einst zum sogenannten Ziegenhügel geführt haben. Auf dem standen zwölf schöne Linden, haben sie Nina erzählt im Dorf, dort wurden die Ziegen miteinander vermählt. Nina grinst: „Keine Ahnung, ob das stimmt, aber hört sich toll an. Vielleicht wurden da ja auch mal Hexen verbrannt und keiner will's mir sagen." Ein Trost ist das jedenfalls, sich so in die Geschichte hineindenken zu können, beim Ausgraben der alten Lesesteinpflasterung. Trostpflaster! Denn Nina hat ein hartes Jahr hinter sich.

Eine Reihe betrüblicher Ereignisse

Im ZDF macht Oliver Welke in der „heute show" noch im Februar 2020 den Witz, dass man überlege, das chinesische Wuhan in „Wuhannover" umzubenennen, weil die Stadt so menschenleer sei durch den harten Lockdown, dass da jetzt genauso wenig los sei wie in Hannover. Über Wuhan war eine Ausgangssperre verhängt worden wegen eines neuartigen Virus, der den Chinesen Angst machte, aber dem Rest der Welt noch nicht.

Nina ist solche Witze über gewisse Orte in der Mitte Deutschlands gewöhnt, schließlich kommt sie aus Bielefeld! Die Stadt, die es angeblich gar nicht geben soll und wo ihr Vater trotzdem ein mittelständisches Messebauunternehmen führt. Dadurch kann er sich auch finanziell einbringen bei ihrem Gutshaus-Projekt in Scharpzow. Alle Beteiligten haben schon viel investiert in das stolze Haus in der Nähe von Malchin. Familie Hollensteiner und auch Ninas italienischer Freund.

Aber im März 2020 kommt der Moment, „when the shit hits the fan", wie die Amerikaner gern sagen. Wenn die Kacke also richtig am Dampfen ist. Corona-Lockdown in Europa und nicht nur da. Kein Flugzeug hebt mehr ab. Keine Messe findet mehr statt. Keine Konzerte, keine durchgetanzten Klubnächte mehr, keine Vernissagen, keine Events, keine Modeshoots. Die Geschäfte sind zu, Versammlungen verboten. Isolation. China und Italien sind die Hotspots der Epidemie. Und ausgerechnet diese beiden Länder haben gerade mit Ninas Arbeit zu tun. In ihrem Kalender sind lukrative Jobs für das Frühjahr 2020 eingetragen: mehrere Styling-Aufträge für die neueste Kollektion eines italienischen Modelabels. Die Klamotten werden in China genäht. Der italienische Designer ist gerade dort. Aber nun sitzt er im Lockdown fest und darf nicht reisen. Die Kollektion, die Nina für die Werbekampagne in Szene setzen soll, hängt in einem Container auf irgendeinem chinesischen Airport fest.

Der Modeshoot in Italien fällt aus. Nichts geht mehr.

„Zum Glück", sagt sich Nina in ihrem unerschütterlichen Optimismus, „gibt es das Gutshaus Scharpzow und unsere kleine Wohnung am Kummerower See." Und sie tröstet sich mit dem Gedanken: „Dann nutze ich jetzt die Zeit und kümmere mich ums Haus. Ohne Einkommen und mit so einer geldverschlingenden Baustelle am Hals gerät das zwar zu einer finanziellen Katastrophe, aber Zeit zu haben ist auch ein Geschenk." Sie kann sich nun intensiv beschäftigen mit der Raumaufteilung, mit den alten Sichtachsen innen und außen, sie lernt das Haus besser verstehen und wird immer vertrauter mit den Abläufen auf dem Bau.

Dann grünt in Scharpzow der Mai, die Luft duftet frisch und sauber und das Leben ohne Erwerbstätigkeit ist frei. So frei, dass wenig später

Abreißen, aufbauen, umdenken, neu planen. Auch das Gutshaus von Scharpzow bietet eine Menge Gestaltungsmöglichkeiten. Nicht jede Idee wird verwirklicht.

Ein Projekt mit einer Badewanne als Ort der Begegnung hat Nina Hollensteiner dann doch wieder verworfen. Es gab wichtigere Dinge zu tun.

Behutsame Sanierung der verfaulten Dachkonstruktion in Scharpzow. Zum Glück gab es europäische Fördermittel.

Ninas Freund Vinzenco das Weite sucht. Er hat kalte Füße bekommen. Das gemeinsame Projekt der beiden, hier im Gutshaus eine Künstlerresidenz zu schaffen, gerät ins Wanken. Auch die familiäre Unterstützung aus Bielefeld schwächelt. Ninas Vater kämpft um das Überleben seines Messebauunternehmens, das plötzlich ohne jeden Auftrag dasteht, und kann gerade nicht mehr helfen. Trübe Aussichten allerorten.

Wenigstens der Förderbescheid für eine komplette Dacherneuerung liegt eines Tages im Briefkasten. Flott liefert die von Nina engagierte Firma einen Sattelzug voller schöner, neuer Dachsteine. Jetzt geht es richtig voran. Die Zimmerleute hatten die faulige Basis des Dachstuhls ausgebessert und Zimmerdecken erneuert, die Maurer erdfeucht angemischten Lehmputz aufgezogen und fein abgerieben. Decken und Wände sind neu verputzt im Erdgeschoss. Herrlich! Wenn die neue Dacheindeckung erstmal liegt, ist das Gröbste vollbracht. Dann ist das Haus wieder ein Haus. Jedenfalls eines mit einer funktionierenden Hülle. Und innen bleibt es trocken.

Wasserspiele im Treppenhaus

Dass sich eines Montags nach einem schwülen Juni-Wochenende kein Handwerker in Scharpzow mehr blicken lässt, registriert Nina nur am Rande. Sie hat damit zu tun, ihr Leben neu zu ordnen. Sie muss sich ein Auto besorgen und jede Menge Werkzeug. Nicht nur, dass vieles im VW Transporter lag, es wurde auch noch eingebrochen in Scharpzow – der Schaden: mehrere Tausend Euro. Außerdem bereitet sie gerade einen wichtigen Job vor, den ersten seit dem Frühjahrs-Lockdown. Ihre Agentur hat ihr einen Werbeauftrag vermittelt. Ein Promotion-Film für Urlaub in Deutschland. Nina soll das Styling übernehmen, die Ausstattung würde man im Filmgeschäft sagen. Aber bei den Werbern ist das anders. „Art direction, den Transport von Emotionen – eigentlich versteht immer keiner, was ich tatsächlich mache", klagt Nina manchmal. Aber was ist schon einfach?

Und gerade jetzt wird es immer schwieriger. Denn über Deutschland kreist ein Tiefdruckgebiet, dass in seinen Luftmassen so viel Feuchtigkeit nach Mecklenburg trägt, dass der Regen sechs Wochen lang nur kurze Pausen einlegt. Und der verschwundene Dachdecker hat nicht nur entgegen allen Absprachen das gesamte Dach auf einmal freigelegt, sondern auch vergessen, den offenen Dachstuhl mit wasserdichten Planen abzusichern. Und vor allem ist ihm abhandengekommen, dass er hier einen Auftrag hat. Der Mann ist nicht mehr aufzufinden.

Der Regen fällt in dicken Strippen senkrecht direkt ins Haus hinein. Er sammelt sich in den Hohlräumen der frisch verputzten Zimmerdecken. Der Lehm saugt sich voll und fällt in großen Placken herab. Das Wasser läuft an den Wänden herunter. Es fließt zu den tiefsten Stellen im Obergeschoss, um sich dann mit anderen kleinen Rinnsalen zu vereinen, die durch die Dauerberieselung gespeist werden. Durchs Treppenhaus schießt eine Art Gebirgsbach. „Da könnte man drunter duschen", sagt sich Nina. Aber bevor sie in Tränen ausbricht oder anderweitig die Nerven verliert, schaltet sie innerlich um, von verzweifelter Bauherrin auf Performance-Künstlerin – und beobachtet mit staunenden Augen den Zustand des Irrsinns um sie herum. „Spektakulär, vollkommen surreal." Sie denkt, das kann nicht wahr sein. Das wirkt wie ein aufwändig inszeniertes Wasserspiel, wie eine kitschig bespielte Ruine in einer Filmkulisse. Wo der Szenenbildner zu viel des Guten vorhatte.

Und Nina Hollensteiner ist allein mit dem Haus ohne Dach, das ihr nur zur Hälfte gehört. Der andere Teilhaber, ihr Ex-Freund, wollte sich nach Frankreich absetzen, ist aber dort nie angekommen. Der VW Bus hat kurz vor Aachen auf der Autobahn das Zeitliche gesegnet.

„Unser gemeinsames Projekt war ein guter Stresstest", sagt Nina kühl. „Und es hat sich herausgestellt: Mit dem Mann möchte ich doch lieber nicht mein Leben bestreiten." Nach zwei Jahren Baustelle ist sie abgehärtet, versucht nach vorne zu schauen: „Dann warte ich einfach, bis es aufhört zu regnen, und fange wieder von vorne an." Glücklicherweise sind in Scharpzow bis hierher nur Naturmaterialien verbaut worden. Die dicken Holzbalken trocknen wieder, der Lehmputz wird feucht ausgebessert und neu durchgerieben. „Hätten wir hier Gipskarton verwendet, mit Steinwolledämmung unter Dampfsperrfolie vielleicht, das wäre eine Katastrophe. Dann hätten wir einen gewaltigen Bauschaden und tonnenweise Sondermüll."

Bleiben, wenn es brennt

Nina konzentriert sich auf den Urlaubs-Werbe-Job und muss dabei die Sorgen um Gutshaus und Zukunft für einige Zeit verdrängen. Aber ihr Mobiltelefon holt sie wenig später in die Realität um die halbe Bauruine Scharpzow zurück. Erst ist ihr Exfreund aus dem Exil am Apparat, dann ihr Vater. Beide wollen, dass sie das Haus verkauft. Sie haben sogar eine Maklerin vorbeigeschickt, wollen verständlicherweise ihr eingesetztes Geld retten. Aber Nina sieht das anders. Für sie ist das Glas immer halbvoll und nicht halbleer. Und so gehört ihr das Haus einerseits zwar nur zur Hälfte, aber 50 Prozent ist eine ganze

Wochenlang dauerte der Stillstand auf der Gutshausbaustelle. Aber Nina Hollensteiner schmeißt nicht hin, sondern bleibt und kämpft. „Man muss das auch alles mit Humor sehen", sagt sie.

Ziegelform und Ziegelfarbe mit Auflagen von der Denkmalbehörde – das neue Dach soll mindestens 80 Jahre lang halten. Inzwischen kann Nina Hollensteiner schon im Haus wohnen.

Menge – und ohne ihre Zustimmung kann nicht verkauft werden. „Jetzt", antwortet sie dann den beiden männlichen Anrufern ins Telefon, „jetzt ist doch der denkbar ungünstigste Zeitpunkt, das Gutshaus zu verkaufen. Mitten in der Sanierung macht man so was nicht. In diesem Zustand geht das nicht. Es steckt so viel Geld im Haus, das keiner sieht. Da verlieren wir doch alle."

Nina bleibt stur, sehr zum Verdruss der anderen Beteiligten, holt kurz Luft und macht sich einen Plan. Von ihrem Onkel borgt sie sich dessen alten VW Golf. Sie ist wieder mobil. Nachdem sie den Werbejob erledigt hat, wendet sie sich erneut ganz ihrem Anwesen inmitten von Mecklenburg zu.

Konzentration auf das Wesentliche ist jetzt das Gebot der Stunde. Und Prioritäten setzen. „Ich könnte auch wegziehen, nach Mailand etwa. Und alles hinschmeißen. Aber das ist mir zu einfach." Der ganze Wahnsinn hat sie erst recht mit dem Haus verbunden. „Wenn alle Widerstände auf einen einprasseln", Nina klingt fast etwas euphorisch, als sie das sagt, „dann muss man doch durchhalten. Einfach dableiben, wenn es brennt!"

Sie engagiert Leute, die ihr den Dachdecker wieder heranschaffen, und organisiert ihm sogar einen Teleskoplader für den Transport tausender Dachsteine. Es geht weiter am Gutshaus. Aber ein bizarres Tauziehen um die Handwerkerfirma beginnt. Plötzlich tauchen Menschen auf, die die Dachdecker wieder zurück zu ihrer eigenen Baustelle locken wollen. Nina empfindet das als „recht komisch". Der „ganze Zirkus" gefällt ihr. „Man kommt ja wirklich in bizarre Situationen manchmal, trifft auf groteske Typen mit absolut abwegigen Arbeits- oder Geschäftsauffassungen. Man muss das alles mit Humor sehen!"

Nina Hollensteiner und Albrecht Pischel kennen sich schon aus Studienzeiten. Aus einer langen Freundschaft wurde nun etwas mehr …

Manchmal hilft doch etwas Abstand, ist es gut, einfach mal kurz weg zu sein. Für zwei Tage reist sie nach Berlin, wo sie sich nach langer Zeit mal wieder verabredet hat, mit diesem Albrecht Pischel aus Meißen, dessen zweite Heimat Bangkok ist, dessen Fernbeziehung nach Thailand aber gerade stark in Mitleidenschaft gezogen wurde.

„Manchmal ist das Timing bestimmend für das weitere Leben", sinniert Nina. Diese Momente, wenn im Gangwerk des Lebens passende Zahnräder mit kaum hörbarem Knirschen ineinandergreifen. Nach etwas Weißwein und stundenlangen Gesprächen wissen die beiden eine Menge mehr voneinander. Auch dass sie gerade wieder solo sind. Und dass Nina ein Gutshaus am Hals hat.

Sie treffen sich wieder und wieder in Berlin. Aber eines Tages, zum Abschied, sagt Nina zu Albrecht: „Komm mich doch auch mal besuchen da oben in Mecklenburg!"

Häuser können Geschichten erzählen ...

... wenn sie gute Zuhörer haben wie Heiko Bischof und Philipp Kaszay

„Wenn ich einmal groß bin, werde ich Maurer, so wie Opa. Dann kann ich mit schmutzigen Sachen nach Hause kommen, ohne dass Mutti schimpft", verkündet Heiko, fünf Jahre alt, bei einem Kaffeekränzchen mit seinen Eltern. Die Familie Bischof wohnt in einem nagelneuen Plattenbaublock in Jena-Lobeda. Erstbezug. 1971. Zentralheizung. Thermofenster. Zum ersten Mal fließend Wasser aus der Wand. Warm und kalt. Eigenes Bad in der Wohnung. Fünf Zimmer und zwei Balkons! Mehr geht nicht in diesen Zeiten. Die Familie ist glücklich über ihre Neubauwohnung.

Und der Knirps Heiko ströpert mit den anderen Kindern aus seinem Aufgang jeden Nachmittag auf der sozialistischen Großbaustelle herum. Es gibt viel zu sehen und zu staunen. Eine ganze Landschaft aus Kränen steht auf dem bergigen Gelände. Alles dreht sich und bewegt sich. Vorgefertigte Großbauplatten rollen auf Tiefladern, die von dröhnenden russichen Lkw Marke Ural gezogen werden, über schlammbedeckte provisorische Straßen. Müde Schweißer mit roten Augen stapfen in ihren schweren Ledermonturen und mit dunklen Schutzbrillen auf dem Kopf wie Kosmonauten durch die Apokalypse aus Stahl, Krach und Modder. Zerbeulte Mörtelmischer drehen sich jaulend, Betonpumpen dröhnen. Man kann den Häusern beim Wachsen zusehen. Jeden Tag geht es höher hinaus. Das Wohnungsbauprogramm der DDR läuft auf Hochtouren in den 70er-Jahren. Walter Ulbricht ist gerade entmachtet worden, Erich Honecker hat übernommen. Die SED macht auf Tempo, die Ingenieure kommen gar nicht hinterher. In den Plattenwerken entstehen Bauteile am Fließband, aber die Stadtplaner sind noch nicht mit ihrer Arbeit fertig. Die Staatsführung will die millionste Neubauwohnung feiern.

Und zwischen den Baustellen in Jena-Lobeda entstehen immer neue Seen und Teiche aus Regenwasser, das nicht ablaufen will in dieser zerwühlten Landschaft, in der es noch an Straßen und Gehwegen, an Kanalisation und Gullys mangelt. Ein willkommener Abenteuerspielplatz für die Kinder. Sie bauen sich Flöße aus den Resten herumliegender Dämmstoffplatten und treiben begeistert auf den Tümpeln. Sie richten sich Höhlen zwischen abgestellten Betonplatten ein. Berge von Baugrubenaushub sind ihre Rocky Mountains. Cowboy und Indianer das Kinderspiel der Zeit.

Aber viel aufregender für den kleinen Heiko ist die reale Bauwelt. Sein Berufswunsch-Stoßgebet gehört seitdem zum Standardrepertoire der Bischofschen Familienanekdoten: „Wisst ihr noch, was Heiko damals gesagt hat …?"

Ein Ritt auf der Sanierungswelle

Und Heiko wird wirklich Maurer. So wie sein Großvater. Mit 16 Jahren steht er das erste Mal als Lehrling auf dem Bau. Nach anderthalb Jahren Lehrzeit schmeißen seine Meister ihn raus. „Hier kannst Du nichts mehr lernen", sagen sie ihm. Alles Einsen auf dem Zeugnis. Zu gut für die Kolonne.

Ein Arbeitsleben als Bauarbeiter folgt. Wenige Jahre später fällt die Mauer. Heiko Bischof findet eine Stelle bei einem der größten Unternehmen für Denkmalpflege und Bauwerkssanierung Europas. Mit der Bennert GmbH in der Nähe von Erfurt erlebt Heiko berufliche Höhenflüge. 15 Jahre lang. Er reitet durch die 90er-Jahre ganz oben auf der Sanierungswelle. Schlösser, Burgen, Kirchen. Das einstige Kind aus dem Jenaer Plattenbau krabbelt jetzt durch jahrhundertealte Gemäuer und repariert Bauwerke, die ihm durch ihre Erhabenheit und ihr Alter mächtig Respekt einflößen. Bischof wird Bauleiter, hat zuweilen 30 Leute unter seiner Verantwortung. Seine Chefs lieben ihn.

„Aber dann", sagt Heiko, „bin ich irgendwann falsch abgebogen." Auf einem Lehrgang für Betonsanierung bildet er sich weiter für ein neues Geschäftsfeld seiner Firma. Brücken und andere Großbauten aus Beton sind ein großes Thema in der Bundesrepublik geworden. Verkehrsbauwerke aus den Sechzigern und Siebzigern beginnen zu schwächeln. Fachleute werden gebraucht, die sich mit Spannbeton, Hohlkastenbauweise und Stahlbewehrungen auskennen. Heiko Bischof findet sich plötzlich auf lärmenden Beton- und Stahlsanierungsbaustellen wieder. Hier herrscht ein anderer Ton. Und es regieren andere Materialien. Epoxidharz, Bitumen, Injektionsverfahren.

Zuerst macht die neue Herausforderung noch Spaß, aber bald beginnt Heiko seine alten Häuser zu vermissen. Den Geruch nach Lehmwänden und eichenem Fachwerk. Die Geschichten, die ihm ausgetretene Treppenstufen und abgegriffene Türen erzählen. Die Sehnsucht nach der Arbeit in historischen Gebäuden wird so stark, dass er irgendwann kündigt.

2010 macht er sich selbstständig. Als Baumeister für Sanierungs- und Denkmalpflegearbeiten aller Art. Sein erster großer Job führt ihn nach Mecklenburg-Vorpommern in die Nähe des Städtchens Laage im Recknitztal.

Bekannte von ihm haben in Wardow ein altes Wirtschaftsgebäude gekauft und wollen es sanieren. Heiko arbeitet fast ein Jahr an dem Haus, er wohnt bei den Bauherren, er findet die Gegend schön. Dann muss er aber zügig fertig werden. Denn überraschend ist ein ernsthafter Mietinteressent aufgetaucht.

Ein junger Mann aus Neu-Ulm, der für sich und seine Tochter dringend eine Wohnung sucht, wenn auch nur befristet. Sein Name ist Philipp Kaszay, er hat gerade das Gutshaus im Nachbarort Kobrow gekauft. Philipp und Paula sind die ersten Mieter in Heikos erstem Werk als selbstständiger Altbausanierer. Diese Begegnung bleibt nicht ohne Folgen – sowohl für Philipp als auch für Heiko.

Kein Bock auf Gipskarton

Acht Jahre später steht Heiko Bischof auf einem Gerüst im ersten Stock von Schloss Kobrow. In der Hand eine riesige Spritze, an der zwei Schläuche hängen, die bis nach unten ins Erdgeschoss reichen. Dort schaufelt Philipp Kaszay trockenen Lehm in eine dröhnende orangefarbene Maschine, die die beiden am Tag zuvor mit Spanngurten und Seilen über eine Rampe aus Brettern und Bauplatten ins Haus gehievt hatten. UMP 1 heißt die Mörtel- und Putzmaschine. Sie mischt den Lehm mit Wasser und pumpt ihn über einen langen Schlauch zur Spritze. Heiko brüllt nach unten. „Alles klar?" Philipp, dreht den Schalter auf „Grün". UMP 1 vibriert und gurgelt. Heiko dreht am Hahn der Pressluftversorgung. Mit einem unanständigen Geräusch flabbert und blubbert der nasse Lehmputz wie Pudding an die Wand. Geduldig führt Heiko Bischof die Spritze Zeile für Zeile an der Mauer entlang. Wie ein Konditor, der Buttercreme aufträgt, nur ohne Kringel. Nach zwanzig Minuten ruft er nach unten: „Stopp, das reicht!"

Heiko greift zur Kartätsche, einer Art riesigem Spachtel, und glättet die Putzmasse mit gekonntem Schwung. Seine langen grauen Haare hat er zurückgebunden, seine Augen hinter einer winzigen Nickelbrille versteckt. „Ein Glück, dass es noch Leute wie Philipp gibt, die sich an solche alten Häuser herantrauen", sagt er beim Arbeiten.

Mit gleichmäßigen Bewegungen führt er die meterlange Kartätsche über die feuchte Lehmfläche. „Wenn alle nur noch mit Gipskarton arbeiten würden – also darauf hätte ich überhaupt keinen Bock." Philipp ist glücklich, dass er Heiko kennengelernt hat, den Maurer aus Thüringen. Dessen Beruf sein Lebensinhalt geworden ist. „Ich bin die Arbeit", sagt der Zimmermann Stephan Linde. Und das gilt wohl auch für Heiko Bischof. Und Philipp könnte sagen: „Ich bin das Haus!"

Ein Leben mit Lehm

„Ich habe ja hier auch alte Wände, die aus Lehmsteinen gemauert sind", sagt Philipp. „Die alten Decken sind mit Lehmwickeln gefüllt und dann mit einem Lehm-Stroh-Gemisch verputzt worden." Also hat er sich bei allen Reparaturen auch wieder für Lehm entschieden. „Dann passt das vom Material wieder schön ineinander."

Es ist Feierabend. Mit einem zusammengeklappten Zollstock schnippen Heiko und Philipp lässig die Kronkorken von zwei Buddeln Lübzer Export und lassen die Flaschenhälse aneinanderklicken. Sie murmeln ein knappes Prost. An der Lehmputzmaschine hat Heiko einfach nur den Hahn zugedreht und den Stecker gezogen. „Das kannste mit Zementmörtel nicht machen", strahlt er. „Da musst du alles entleeren und spülen wie verrückt, sonst ist am nächsten Morgen alles steinhart und die Maschine kaputt." Er nimmt einen Schluck aus der Flasche. „Und bei Lehm geht es morgen früh einfach so weiter. Wasserhahn auf und los. Außerdem ist Lehm nicht agressiv auf der Haut. Im Gegenteil." Der sonst eher wortkarge Thüringer gerät ins Schwärmen. „Lehm tut richtig gut. Keine rissigen Hände, nichts. Es ist einfach ein schönes, leichtes Arbeiten mit diesem Material. Wenn man weiß, wie man damit umgehen muss."

Lehm war einst der Baustoff der armen Leute. Hinter jedem Dorf gibt es irgendwo noch eine Grube, wo die Baumeister früher ihren Rohstoff gewonnen haben. Lehm kann man fast überall finden, er setzt sich aus Ablagerungen von Ton und staubfeinem Sand zusammen.

Alte Häuser bestehen oft aus Fachwerk mit Lehmsteinausmauerung, Lehmputz und Lehmwickeln in den Decken. Auch der Boden: gestampfter Lehm.

Die feinen Herrschaften bevorzugten dagegen Kalkputz für ihre Wände. Der liefert feinere Oberflächen. Während der Industrialisierung geriet

Das Wahrzeichen des malerischen Ortes Nehringen ist die Klappbrücke über die Trebel. Sie diente auch als Kulisse für den Spielfilm „Effigie", der von der Giftmörderin Gesche Gottfried handelt und zu großen Teilen im Gutshaus von Behren-Lübchin gedreht wurde.

Lehm als Baustoff in Vergessenheit. Er überlebte nur noch in der Öko-Nische bei umweltbewussten Bauherren oder Allergikern. Aber mittlerweile ist auf vielen Baustellen eine Rückbesinnung zu beobachten. Lehm ist regional verfügbar, ist kein Energiefresser bei seiner Herstellung und wirkt in Innenräumen baubiologisch einwandfrei. Er atmet und schafft gutes Raumklima. Auch deshalb ist Heiko Bischof Lehmfan geworden. Und „Lehmbaumeister". Und er lebt seit dem Start seiner Selbstständigkeit zwei Leben. Eins in Thüringen und eins in Mecklenburg-Vorpommern. In Weimar hat er ein altes Stadthaus saniert für seine Familie. An der Ostseeküste lebt er oft wochenlang bei seinen Bauherren, in Gästezimmern und auf Feldbetten. Damit muss langsam Schluss sein, sagt er sich. Heiko braucht eine richtige Bleibe in seinem Gastland mit den vielen Gutshausbaustellen. Ein zweites Zuhause.

Traumdorf an der Trebel

„Fahr doch mal nach Nehringen", rät Philipp Kaszay, nachdem Heiko seine Putzmaschine abgebaut und den Lehm an den Wänden ein letztes Mal durchgerieben hat mit dem Reibebrett. Da steht das alte Gutsverwalterhaus zum Verkauf."

Noch am gleichen Abend stellt Heiko sein Auto am Ufer der Trebel ab und marschiert los. Seine Schritte führen ihn über eine malerische hölzerne Zugbrücke hinein ins Dorf. In leichtem

„Fahr' doch mal nach Nehringen", hatte Philipp Kaszay seinem Freund Heiko Bischof geraten. „Da ist das alte Gutsverwalterhaus zu kaufen." Eine Hälfte davon gehört jetzt dem Lehm-Spezialisten aus Thüringen.

Kleine Häuser, in denen einst die Beschäftigten des Gutsbetriebes wohnten, säumen die Dorfstraße, die hinunter zum Fluss führt. Das Gut Nehringen samt Dorf gehörte einst der Familie Buggenhagen.

Schwung bergauf und nach rechts weisend bringt ihn die alte Dorfstraße in den Ort. Uraltes Kopfsteinpflaster schimmert in der Spätnachmittagssonne. Links und rechts davon ducken sich liebevoll restaurierte Fachwerkhäuser, eingerahmt von alten Linden. Die Dorfkirche thront über einem kleinen Friedhof. Gegenüber erstreckt sich ein großes Rondell mit vier ausladenden, aber flachen Gebäuden. Es sind das Gutshaus mit zwei Kavaliershäusern und vis à vis ein nicht ganz so herrschaftlicher, aber trotzdem imposanter Bau. „Das muss es sein", denkt Heiko und marschiert weiter. Erstmal Tuchfühlung aufnehmen mit dem Dorf. Mal schauen, wie die Gärten aussehen, wo welche Hunde bellen, was in den Fenstern steht und hängt.

„Ich bin da wohl zwei Stunden umhergelaufen", erzählt Heiko später und blinzelt in die tiefstehende Sonne. „Und am Ende dachte ich, ja, hier kannste dir vorstellen zu leben." Er sitzt auf einem Stuhl, den er sich vor die Tür des Gutsverwalterhauses gestellt hat, und genießt die Ruhe in dem 80-Seelen-Ort wie auch den ersten warmen Tag im März 2021.

Seit zweieinhalb Jahren gehört eine Hälfte des ziemlich alten Wirtschaftsgebäudes ihm. „1780", sagt Heiko. „Ungefähr." Und gerät ins Schwärmen. „Alte Häuser stecken doch voller Geschichten." Er springt auf von seinem Sitzplatz an der Sonne und geht ins Foyer. Der Fußboden aus Backsteinen, die Wände aus Lehm. Links und rechts führen Türen in angrenzende Räume. Niedrige Türen, höchsten 1,75 Meter hoch. Die Beschläge und Bänder handgeschmiedet, zahllose Male überlackiert, aber noch da. „Und hier", Heike zeigt auf den Boden direkt vor einer der Türen: Der Ziegelfußboden wölbt sich nach unten. Ausgetreten und abgewetzt durch die Stiefel von mehreren Landarbeitergenerationen, die auf ihm Woche für Woche nach ihrem Lohn angestanden haben. „Hinter dieser Tür war das Kassenbüro des Gutes", sagt Heiko. „Das wird doch richtig lebendig, wenn man so etwas sieht – er grinst zufrieden. Der schiefgetretene Fußboden bleibt unbedingt drin, das hat er längst beschlossen. Und auch die alten Türen werden nicht verschwinden. Da passt er, der 1,90-Meter-Mann, zwar nicht richtig durch, aber das Haus passt zu ihm. Es wurde auch höchste Zeit. Zehn Jahre hat er etwas Eigenes gesucht in Mecklenburg-Vorpommern. Damit er nicht immer bei den Bauherren wohnen muss. Und damit die Pendelei erträglich wird.

Das Kind aus dem Jenaer Plattenbau ist jetzt über fünfzig und wirkt wie angekommen. Der Berufswunsch von damals ist sein Lebensinhalt geworden. Tagsüber auf den Baustellen der Gutshausretter und nach Feierabend im eigenen Haus. Urlaub? „Brauch' ich nicht". Fernweh? „Hab ich nicht", sagt er. „Urlaub ist für mich doch schon, wenn ich mal nicht auf die Uhr gucken muss. Und außerdem", Heiko hat immer noch dieses leichte Singen in der Stimme, wenn er spricht, den Klang des Thüringers, „habe ich hier in Mecklenburg mein Fernweh verloren."

Im Hinstorff Verlag bereits erschienen:

Steffen Schneider
Mit Mut Mörtel und ohne Millionen – Band 1
Über das Abenteuer in einem Gutshaus zu leben
144 Seiten
ISBN 978-3-356-02325-1

„Fertig ist man ja nie mit so einem Haus.
Fertig werden ist für mich jedoch auch kein Lebensziel." Philipp Kaszay

Das Buch zur erfolgreichen Fernsehreihe – das nicht nur auf die an sich schon faszinierenden Kulissen schaut, sondern auch das Bewegende hinter diesen erzählt.

Wolf Karge

Schlösser und Herrenhäuser in Mecklenburg

320 Seiten

ISBN 978-3-356-02185-1

Längst gilt Wolf Karges Buch über die Schlösser und Herrenhäuser in Mecklenburg als Standardwerk. Kenntnisreich, voller Fakten, gut lesbar. Ein Band, der sich bestens dazu eignet, Entdeckungsreisen zu planen oder zurückliegende Touren noch einmal in Buchform lebendig werden zu lassen.

Bildnachweis

© GeekFrog Media/Julia Arif (Produktionsfotos und Standbilder zum Film „Effigie – das Gift und die Stadt", Regie: Udo Flohr) – Seiten 50/51 (C. Gottschalch, E. Thiemann, S. Anbeh), 55 (C. v. Ahlefeldt), 60, 61 (2; unten S. Anbeh), 62 (C. Gottschalch, E. Thiemann)
© Danny Gohlke (http://danny-gohlke.de) – Cover
© Karl-Uwe Heussner – Seiten 90, 95 (links: oben)
© Wolf Karge (www.wolf-karge.de) – Seite 11
© Philipp Kaszay (www.gutshaus-kobrow.de) – Seiten 29 (2), 30 (6), 41
© Madlen Krippendorf (www.krippendorf.photo) – Seiten 26/27
© Stephan Linde (www.zimmer-linde.de) – Seiten 80, 86
© Norddeutscher Rundfunk (www.ndr.de) – Seiten 16, 18, 21–25, 28, 32–40, 44, 52, 57 f., 67 (2), 70/71, 72–76, 81, 84 (6), 98/99, 100, 102 (2), 109 f., 116 (unten)
© Steffen Schneider (www.steffenschneider.net) – Seiten 1–5, 8 f., 12–15, 17, 19 (2), 42/43, 45, 47 (6), 48 f., 64/65, 66, 68, 78/79, 88/89, 92 f., 95 (rechts: oben, Mitte, unten, links: Mitte, unten), 105, 106/107, 108, 113 (2), 114, 116 (oben), 117, 118–124, Rückcover

© Karte: Marten Lau (www.martenlau.de)

Die Filme der Fernsehreihe „Mit Mut, Mörtel und ohne Millionen" sind in der ARD Mediathek abrufbar (www.ardmediathek.de).

Autor und Verlag danken „Populärfilm" für die Zusammenarbeit bei der Entstehung des Buches.

POPULÄR FILM MEDIA

Liebe Leserin, lieber Leser! Wie hat Ihnen die Lektüre gefallen? Bitte bewerten Sie das Buch im Internet.

Die Deutsche Bibliothek verzeichnet diese Publikation in der Deutschen Nationalbibliografie; detaillierte bibliografische Daten sind im Internet über www.dnb.de abrufbar.

Lagerstraße 7, 18055 Rostock
Tel. 0381/4969-0
www.hinstorff.de

1. Auflage 2021
Herstellung: Hinstorff Verlag GmbH
Lektorat: Thomas Gallien
Titelfoto: Danny Gohlke
Druck: CPI books GmbH
Printed in Germany
ISBN 978-3-356-02373-2